RALPH CASPERS

Wenn Glühwürmchen morsen

Fantastische Geschichten

Mit Bildern von Ulf K.

Thienemann

Ralph Caspers, wahrscheinlich geboren 1972, ist bekannt als Fernsehmoderator und Autor. Er studierte an der Kunsthochschule für Medien Köln. Seit 1998 arbeitet er für »Die Sendung mit der Maus« und ist sowohl Moderator als auch Autor der Kindersendung »Wissen macht Ah!«. Caspers lebt mit seiner Familie in Köln und trägt privat gern angeklebte Schnurrbärte.

www.ralphcaspers.de

Ulf K., geboren 1969 in Oberhausen, zeichnet Comics, illustriert Kinderbücher und arbeitet für Zeitschriften und die Werbung. 2004 wurde er als bester deutschsprachiger Comiczeichner mit dem Max-und-Moritz-Preis ausgezeichnet. Ulf K. lebt mit seiner Familie in Düsseldorf.

www.ulf-k.blogspot.de

Mehr über unsere Bücher, Autor:innen
und Illustrator:innen auf:
www.thienemann.de

Inhalt

1

Trampolinfliegen

»Fliegen ist nur ganz hoch hüpfen«, sagte Greta zu ihrer Freundin Marie. Die beiden lagen auf dem Rücken in der Mitte des Trampolins und blinzelten in den Himmel.

»Du kannst mir viel erzählen«, meinte Marie.

»Doch, wirklich«, Greta drehte sich zu Marie und kniff die Augen leicht zu, »ich zeig's dir.«

»Mach! Ich bleib hier sitzen und zähle, wie lang du in der Luft bleiben kannst. Und wenn du …«, Marie überlegte, »wenn du es bis einhundertsiebenundvierzig schaffst, glaub ich dir.«

Marie hatte noch nie in ihrem Leben am Stück bis einhundertsiebenundvierzig gezählt, und sie war sich sicher, dass es nur sehr wenige Menschen gab, die das schon mal gemacht hatten.

Greta stand auf, holte tief Luft und begann locker zu hüpfen.

Marie lachte, denn sie machte jedes Mal einen kleinen Satz in die Luft, wenn Greta auf dem Trampolin aufkam. »Du kannst ruhig doller hüpfen!«, rief sie.

Und das machte Greta. Immer wenn sie auf dem Trampolin landete, spannte sie ihre Muskeln an und federte anschließend noch höher in die Luft. Nach ein paar Hüpfern sprang sie so hoch, dass sie schon ganz locker über das Auffangnetz des Trampolins schauen konnte. Sie hüpfte weiter und kam jedes Mal noch ein bisschen höher. Zuerst sprang sie so hoch wie das Garagendach. Dann so hoch, dass sie durch ihr Zimmerfenster im ersten Stock schauen konnte. Dann so hoch wie der Balkon in der zweiten Etage. Sie sprang so hoch, dass sie sich richtig konzentrieren musste, um beim Runterkommen wieder genau auf dem Trampolintuch zu landen. Je höher sie sprang, desto schwieriger wurde es.

Das Trampolin schleuderte Greta immer höher in die Luft. Marie jauchzte vor Freude und vergaß dabei, dass sie eigentlich zählen wollte, wie lange Greta fliegen konnte.

Greta sprang immer höher. Bis zum Dach. Beim nächsten Sprung konnte sie schon fast über den Dachgiebel schauen.

Dann hüpfte sie so hoch, dass sie über das Dach bis zum Park gucken konnte. Der Weg nach oben und wieder nach unten kam ihr schon fast wie fliegen vor. »Du musst jetzt zählen«, rief sie Marie zu, als sie kurz das Trampolin berührte und wieder hochschnellte.

Marie begann. »Eins, zwei.«

Greta war jetzt so hoch wie die Antenne auf dem Dach ihres Hauses, als ein Windstoß sie packte und wegtrug. Das war genau der Moment, auf den Greta gewartet hatte. Sie breitete ihre Arme aus und segelte auf dem Wind durch die Luft. »Siehst du? Was hab ich dir gesagt?«, rief sie.

Marie traute ihren Augen nicht. So etwas hatte sie noch nie gesehen.

Greta flog. Von oben sahen ihre Freundin, das Trampolin und das Haus sehr, sehr klein aus. Größer dagegen waren die Vögel, die von unten meist nur wie winzige Schreibschrift-Ms wirkten. Den Vögeln ging es wie Marie – sie trauten ihren Augen nicht! Ein fliegendes Mädchen hatten sie noch nie gesehen. Greta winkte den Vögeln zu, die Vögel winkten zurück. Oder vielleicht flatterten sie auch nur mit ihren Flügeln, um in der Luft zu bleiben. Und dann flog Greta weiter in Richtung Park. Sie segelte über die alten hohen Bäume, über den Spielplatz und über die Wiese. Die Hunde auf der Wiese bellten in ihre Richtung. Doch als die Herrchen und Frauchen in den Himmel schauten, war Greta schon wieder weggeflogen. Sie segelte über die Häuser der Nachbarn zurück zu ihrem Garten, wo das Trampolin stand und Marie auf sie wartete. »Achtung! Ich lande!«, rief Greta. Marie huschte vom Trampolin, damit ihre Freundin genug Platz für die Landung hatte – schon kam Greta unten an. Kaum hatte sie das Trampolin berührt, ging sie in die Knie, damit sie ja nicht wieder hoch in die Luft schnellte. Sie strich sich die Haare aus dem Gesicht und kletterte runter zu Marie: »Na? Wie weit konntest du zählen?«

»Ich bin noch nie in meinem Leben so weit gekommen! Bis dreihundertvierzehn!« Marie war richtig stolz auf sich. Und natürlich auf ihre Freundin Greta, die fliegen konnte wie keine andere.

2

Familienhunde

»Und? Was wünschst du dir?«, wollte Gretas Papa wissen. Seit sie denken konnte, hatte Greta immer nur einen einzigen Wunsch – egal ob zum Geburtstag oder zu Weihnachten. Ihr Wunsch war so groß, dass sie jedes Jahr immer wieder nur ihren ersten selbst geschriebenen Wunschzettel hervorkramte, ihn ihren Eltern gab und sagte: »Mehr möchte ich gar nicht.«

»Aber Greta, das ist der Wunschzettel, den du geschrieben hast, als du fünf warst. Hast du denn keine anderen Wünsche?«

»Nein. Nur das hier.« Auf dem Wunschzettel stand in fester Krakelschrift gemalt: »Hunt Katse«. Denn Gretas größter Wunsch war ein Haustier. Entweder ein Hund oder eine Katze oder gern auch beides.

Und nach jedem Fest sammelte Greta ihren Wunschzettel enttäuscht wieder ein. Ihre Eltern wollten nämlich keinen Hund haben, hauptsächlich, weil er zu viel Arbeit und zu viel Dreck macht.

»Greta! Vielleicht fällt dir ja doch noch ein anderer Wunsch ein?« Papa gab ihr den Wunschzettel zurück.

Greta schaute auf das kleine Blatt Papier. Sie verzog ihren Mund – das machte sie immer, wenn sie nachdachte, und stapfte davon. »Wenn ich keinen Hund haben darf, dann werde ich, dann werde ich – dann werde eben ich selber einer!« Sie atmete tief ein und wieder aus und ging schnurstracks zum Schrank, in dem die Karnevalskostüme hingen.

Greta zog sich das Hundekostüm an, das sie an ihrem letzten Geburtstag bekommen hatte – und war ab diesem Moment ein Hund. Und sie schwor sich, erst dann wieder zu Greta zu werden, wenn ihre Eltern ihren Hundewunsch erfüllt hatten.

Als ihre Eltern sie zum Abendessen riefen, kam der Hund, der einmal Greta war, auf allen vieren angelaufen.

»Greta, jetzt hör mal auf mit Spielen. Setz dich an den Tisch, es ist Zeit zum Essen«, sagte Papa.

Aber der Hund, der vorher Greta war, verstand nicht und bellte. Mama und Papa sahen sich etwas ratlos an.

»Ich glaube, wir haben einen Hund«, sagte Gretas Mama, »der darf natürlich nichts vom Tisch bekommen. Das weiß ja jeder.«

Also bekam der Hund, der vorher Greta war, zwei Schüsselchen auf den Boden in der Küche gestellt. In dem einen waren klein geschnittene Käsebrote, in dem anderen Wasser. Der Hund, der vorher Greta war, bellte vor Freude und machte sich über sein Fressen her.

Nach ein paar Tagen vermissten Mama und Papa ihre kleine Greta sehr. Sie redeten mit ihr und fragten sie, ob sie nicht endlich aufhören wollte mit dem Hundeleben. Aber als Antwort bekamen sie nur ein kurzes Bellen. Dann schnüffelte und hechelte der Hund, der vorher Greta war, sabberte ein bisschen und verzog sich unter den Tisch. Das war sein Lieblingsplatz.

»Ich versteh nicht so richtig, was sie will«, sagte Gretas Papa.

»Wir müssen auch zu Hunden werden, um uns mit ihr so zu unterhalten, dass wir sie verstehen. Es hilft ja immer, wenn man eine gemeinsame Sprache spricht.« Gretas Mama hatte oft die besten Ideen.

Beide zogen sich Hundekostüme an. Und sie benahmen sich wie Hunde: Sie fraßen aus Näpfen und lagen die meiste Zeit nur herum.

Zuerst freute sich Greta. Ihre Eltern konnten sich wieder mit ihr unterhalten und Greta erklärte ihnen, dass sie wirklich sehr, sehr gerne einen Hund haben wollte, und solange sie keinen bekäme, würde sie eben selbst einer sein. Ihre Eltern bellten zurück und leckten ihrer Tochter übers Gesicht. Damit wollten sie ihr sagen: »Wenn du ein Hund bist, dann sind wir ab heute deine Hundeeltern.« Und es gefiel ihnen sehr gut. Ohne Besteck fraßen sie ihr Essen aus Schüsseln und schlürften Wasser aus Näpfen.

Nach kurzer Zeit kam Greta ein Gedanke: »Wenn meine Eltern jetzt zwei Hunde sind, dann habe ich ja Haustiere. Das heißt, ich selbst muss jetzt gar keins mehr sein. Dann kann ich ja wieder Schokolade essen!« Schokolade ist für Hunde nämlich total verboten. »Hurra!« Greta freute sich, stellte sich auf ihre zwei Beine und ging in die Küche zur Schublade mit den Süßigkeiten, während Mama und Papa weiter als Hunde auf der Couch lagen und vor sich hin dösten.

So hatte Greta am Ende nicht nur einen Hund, sondern zwei Hunde bei sich zu Hause und war sehr glücklich.

3

Mucksmausistill

Vor ziemlich genau zwölf Wochen ist Greta mit ihrer Familie umgezogen. Ihr neues Zuhause ist dabei gar nicht wirklich neu, sondern sogar ziemlich alt. Das Haus wurde gebaut, als noch nicht einmal Gretas Opa auf der Welt war. Vieles ist nach dem Umzug beim Alten geblieben: Greta geht immer noch in dieselbe Klasse, und sie hat immer noch ihre alten Freunde. Greta ist mit ihrer Familie nämlich einfach nur in ein anderes Haus in der Nachbarschaft gezogen.

Trotzdem ist das Haus auch neu. Denn die Wände sind alle frisch gestrichen, Greta hat ein größeres Bett bekommen und alle in der Familie haben jetzt eigene Zimmer. Aber das Beste am alten neuen Haus ist Mausi. So heißt die Katze. Ja, das ist ein ungewöhnlicher Name für eine Katze. Und keiner weiß genau, wie sie zu diesem Namen kam, aber das ist Greta auch egal, denn eine Katze hat sie sich immer schon gewünscht. In ihrer alten Wohnung durften sie keine Tiere haben. Der Vermieter wollte das nicht.

Im neuen alten Haus ist das anders. Mausi gehörte Frau Bosch, der älteren Dame, die vorher hier lebte. Und obwohl Frau Bosch ein Haustier haben durfte, sah sie immer ein wenig traurig aus, wenn Greta mit ihrer Familie vorbeikam, um das Haus zu besichtigen. Deshalb fragte Greta sie: »Frau Bosch, wieso seufzt du immer so? Wenn ich eine Katze hätte wie du, wäre ich bestimmt der glücklichste Mensch auf der Erde.«

»Ach, kleine Greta«, antwortete Frau Bosch, »du hast natürlich recht. Ich bin so traurig, weil ich da, wo ich hinziehe, meine Mausi nicht mitnehmen kann. Und ich weiß einfach nicht, was ich mit ihr machen soll.«

»Lass sie doch hier. Das ist ihr Zuhause. Und außerdem wollte ich immer schon ein Tier haben.«

Frau Bosch lächelte, nahm Gretas Hand in ihre und sagte: »Es ist so nett, dass du das vorschlägst.« Dann seufzte sie noch einmal.

An dem Abend sprach Greta beim Essen mit ihren Eltern über Mausi. Sie erzählte ihnen, wie traurig Frau Bosch war. Und wie gut Mausi es bei ihnen haben würde. Außerdem wollte Greta doch immer schon ein Haustier haben. Mausi würde sich auch bestimmt sehr gründlich um die Mäuse kümmern. Warum sonst würde sie wohl so heißen?

Gretas Eltern schauten sich an. Sie schauten Greta an. Greta schaute abwechselnd zu ihrem Papa und zu ihrer Mama. Einen Moment war es ganz still, Greta konnte es fast nicht aushalten, aber dann nickten sich ihre Eltern zu und sagten: »In Ordnung! Morgen reden wir mit Frau Bosch!«

»Und ich rede mit Mausi. Die muss ja auch gefragt werden.« Greta strahlte.

Und so lebten im neuen alten Haus nun Greta mit ihren Eltern und ihrem Bruder und ihrer neuen alten Katze Mausi.

Man merkte kaum noch etwas vom Umzug, alle Kartons mit den Sachen aus der alten Wohnung waren ausgepackt und weggeräumt. Na ja, nicht alle Umzugskartons. Ein einziger stand immer noch an der Treppe zum Keller. Und eigentlich hätte Papa ihn schon längst runterbringen und auspacken sollen, aber immer kam ihm etwas dazwischen.

Als er vor einigen Wochen nichts anderes mehr zu erledigen hatte und kein Kind zu Hause war, das mit ihm spielen wollte, ging er zum Karton an der Kellertreppe, um ihn endlich auszuräumen und – er musste laut lachen. Mausi lag auf dem Karton. Sie hatte es sich auf den beiden Klappen, die den Karton verschließen, bequem gemacht und döste vor sich hin. »Na, das gefällt dir, was Mausi? Tja, dann muss ich den Karton wohl ein anderes Mal ausräumen«, sagte er und ging fröhlich pfeifend Zeitung lesen.

Der Platz auf dem Karton war Mausis neuer Lieblingsplatz. Mausi döste so oft auf dem Karton, dass die Oberseite schon richtig durchgelegen war. Auch die Farbe hatte sich geändert: Die oberen Klappen waren viel dunkler geworden. Alle freuten sich für Mausi – außer Papa. Der freute sich auch, es war nur so, dass er jetzt wirklich dringend diesen letzten Karton endlich auspacken wollte. Denn der einzige Nachteil an ihrem neuen Lieblingsplatz war, dass niemand mehr an den Inhalt des Kartons kam. Aber daran hatte sich Gretas Familie gewöhnt. Wenn man vergisst, was in einem Karton drin ist, kann man den Inhalt des Kartons getrost vergessen.

Als Greta eines Tages aus der Schule nach Hause kam, wollte sie Mausi Hallo sagen, aber Mausi war nirgendwo zu sehen. »Weißt du, wo Mausi ist?«, fragte sie ihre Mutter.

»Sie ist bestimmt draußen«, antwortete Mama.

Aber im Garten war Mausi auch nicht.

Greta fragte ihren Papa: »Hast du Mausi gesehen?«

»Liegt sie denn nicht auf ihrem Karton?«, wollte er wissen. Lag sie nicht. Und während Greta im ganzen Haus weitersuchte und nach Mausi rief, nutzte Papa die Gelegenheit, um endlich den Karton in den Keller zu bringen. Er hatte total vergessen, wie schwer er war. Unten im Keller überlegte er gerade, wohin er den Karton am besten stellen sollte, als Greta ihn rief. Er ließ den Karton stehen und ging hoch. »Was soll denn die Aufregung?«

»Wir wissen einfach nicht, wo Mausi ist!«, sagte Greta. »Nicht, dass sie doch Frau Bosch hinterhergelaufen ist.«

Und so suchte die ganze Familie noch mal das Haus und den Garten nach Mausi ab. Sie riefen ihren Namen, sie klapperten mit ihrem Fressnapf, sie rasselten mit der Futterkiste. Es blieb mucksmausistill. Weil Greta immer trauriger wurde, schlug Papa vor: »Wenn man nicht mehr weiterkommt, macht man am besten eine Pause. Das machen wir jetzt auch.«

Oft passieren in Pausen ja die unglaublichsten Sachen. Und so war es auch diesmal. Greta ging mit Papa in den Keller, weil sie ihm helfen wollte, endlich den verknickten, ollen, von Mausi durchgelegenen Umzugskarton auszuräumen. Greta wollte gerade den Deckel der Kiste öffnen, da miaute etwas. »Hast du das gehört, Papa? Das klang wie Mausi.«

»Ich hab nichts gehört.« Papa sah sich um und lauschte. Wieder miaute es.

»Da! Schon wieder. Ist das Mausi?« Greta war ganz aufgeregt. Wo kam das Maunzen nur her? Da miaute es schon wieder. »Der Karton maunzt wie Mausi!«, rief Greta.

»Na, wie praktisch. Wenn Mausi wirklich weggelaufen ist, dann haben wir wenigstens noch einen Katzenkarton. Oder eine Kartonkatze. Jedenfalls eine Kiste, die klingt wie eine Katze.«

»Papa!« Greta stemmte ihre Hände in die Hüften. »Darüber macht man keine Witze.« Sie öffnete die Kiste – und fand Mausi! »Da bist du ja!«

Kaum war der Karton geöffnet, sprang Mausi raus, lief aus dem Keller und machte dabei empörte Katzengeräusche.

»Ich glaube, sie ist ein bisschen verärgert, weil es so lange gedauert hat, bis wir sie gefunden haben. Sie muss im Schlaf durch die Klappen des Kartons gerutscht sein. Oder sie wollte verstecken spielen«, sagte Papa.

Die ganze Familie freute sich, dass die Katze wieder aufgetaucht war. Vor allem Mausi machte einen sehr glücklichen Eindruck. Papa räumte den Karton aus und stellte ihn, auf die Seite gedreht, wieder an die Kellertreppe. So konnte Mausi jederzeit auf der Kiste oder in der Kiste liegen. Ganz wie sie wollte.

Seitdem stellte Greta sie jedem neuen Besucher mit den Worten vor: »Das ist Mausi. Unsere Kistenkatze mit Katzenkiste. Sag das zehnmal ganz schnell hintereinander!«

4

Schnippschnapplochweg

Es war Samstag und die ganze Familie Sonnenberg machte sich schick. Denn sie waren zu einer Hochzeit eingeladen. Papa trug einen Anzug und eine elegante Krawatte, Mama hatte ein sehr hübsches Kleid für sich herausgesucht. Und auch Greta und Paul sollten sich fein anziehen. Greta verschwand in ihr Zimmer und suchte sich ihre Sachen selbst heraus. Nur Paul wollte viel lieber sein Puzzle weitermachen und hatte wenig Lust darauf, ein langweiliges weißes Hemd anzuziehen.

»Paul, bitte geh jetzt nach oben und zieh das feine Hemd an. Das schaffst du gut alleine. Wir wollen doch gleich los. Außerdem gibt es auf der Hochzeit Kuchen!«, versuchte Mama ihn zu überreden.

Paul ging in sein Zimmer. Als er das Hemd angezogen hatte, stellte er fest, dass es ein Loch hatte. Es war winzig klein und kaum zu sehen, aber es ärgerte ihn, denn er dachte sich: »Ein Loch im Hemd ist nicht fein. So bekomme ich niemals Kuchen.«

Also zog er das Hemd wieder aus und überlegte, wie er das Loch am besten loswerden könnte. Er schaute sich in seinem Zimmer um. Auf seinem Schreibtisch sah er buntes Klebeband. Damit könnte er das Loch zukleben. Aber dann hätte er statt des Lochs einen Streifen auf seinem Hemd.

Da entdeckte Paul neben dem Klebeband seine neue Schere. »Ich schneide das Loch einfach raus!«, dachte er sich. Er nahm sich die Schere vom Schreibtisch und – schnipp schnapp – schnitt das Loch einfach raus.

Zufrieden zog sich Paul wieder an. Er stellte sich vor den Spiegel. Dann sah er, dass das Hemd ein weiteres Loch hatte, das sogar noch größer war als das erste.

»Dass mir dieses Loch eben nicht aufgefallen ist!« Er schüttelte den Kopf, zog das Hemd wieder aus, nahm sich die Schere und – schnipp schnapp – schnitt das zweite Loch heraus.

Dann zog er sein Hemd wieder an und kontrollierte sich im Spiegel. Da bemerkte er, dass sein Hemd noch ein Loch hatte, und das war sogar größer als die beiden Löcher, die er schon rausgeschnitten hatte. »Das ist aber groß! Warum fällt mir das jetzt erst auf?«

Er zog das Hemd wieder aus, nahm die Schere und – schnipp schnapp – schnitt das dritte Loch aus dem Stoff heraus. Nachdem er auch das vierte – schnipp schnapp – und das fünfte Loch– schnipp schnapp – aus dem Stoff geschnitten hatte, war Paul immer noch nicht zufrieden: Sein Hemd hatte jetzt zwar keine Löcher mehr, aber Paul hatte jetzt auch kein Hemd mehr.

»Ohne Hemd werde ich niemals Kuchen bekommen«, flüsterte er sich selbst zu. Alle Löcher, die er – schnipp schnapp – rausgeschnitten hatte, lagen als großer Stoffhaufen neben ihm auf dem Boden. Da erst merkte Paul, was er angestellt hatte. »Mein Kuchen!«, jammerte er. Eigentlich wollte er »mein Hemd« rufen, aber in Gedanken war er schon viel weiter.

Er nahm ein Stückchen Stoff vom Haufen und war sich nicht sicher, ob er jetzt weinen sollte oder nicht. Er legte den Stoff auf den Boden und strich ihn glatt. Dann nahm er ein zweites Stückchen Stoff und legte es dazu.

»Lustig«, dachte er sich, »das ist ein Stoffpuzzle.« Er legte die Stofffetzen so zusammen, dass sie wieder ein Hemd ergaben. Die Stoffstückchen verklebte er mit dem Klebeband. Paul betrachtete sein Werk zufrieden. Er fand, dass das Hemd jetzt viel besser aussah als vorher. Es hatte eine wilde Form und war übersät mit schicken bunten Klebestreifen. Er zog es an. Und als er sich im Spiegel betrachtete, konnte er nicht anders, als mit der Zunge zu schnalzen und vor Freude einen kleinen Luftsprung zu machen. Hemd gerettet, Kuchen gesichert.

In diesem Moment kam Mama ins Zimmer, um zu schauen, wie weit Paul inzwischen gekommen war. Sie blieb in der Tür stehen – und es war, als hätte jemand bei ihr die Pause-Taste gedrückt. Sie rührte sich nicht. Sie starrte Paul an. Sie zwinkerte nicht einmal. Dann lachte sie laut los, schüttelte den Kopf und sagte zu Paul: »Das ist ja wohl das beste Hemd, das ich je gesehen hab.«

»Hab ich ganz alleine gemacht«, antwortete Paul voller Stolz. »Los jetzt, der Kuchen wartet!«

5

Möbiusbandachterbahn

Greta stand am Fenster. Ein riesiger LKW war in den Erikaweg eingebogen und hatte direkt vor dem Haus der Familie Sonnenberg geparkt. Zwei Männer stiegen aus dem Lastwagen. Sie schauten auf einen Zettel und zeigten auf das Haus der Sonnenbergs. Dann ging einer der Männer zur Ladeluke an der Rückseite des LKW, der andere Mann kam zur Haustür und klingelte. Bevor Mama oder Papa zur Tür eilen konnten, hatte Greta sie schon geöffnet.

»Sind deine Eltern da, Kleine?«, fragte der Mann.

»Einen Moment, bitte«, säuselte Greta ganz höflich und liebreizend und brüllte dann wie der Wurstverkäufer auf dem Wochenmarkt: »Mama! Papa! Hier ist jemand!«

Der LKW-Fahrer, knapp zwei Meter groß und bestimmt einhundertzwanzig Kilo schwer, zuckte zusammen und riss die Augen auf. Seine Unterlippe fing an zu zittern. Wie bei Kindern, die kurz davor sind, in Tränen auszubrechen.

»Ist was?«, fragte Greta den Mann.

»Nein, nein, du hast eine, äh, tolle Stimme. Du singst bestimmt im Chor.«

Greta machte einen Gesichtsausdruck, wie jemand, der sich fragte ›Wer hat hier gerade gepupst?‹, und sagte: »Nein. Kein Chor.«

»Denk mal drüber nach«, sagte der LKW-Fahrer und schluckte laut hörbar. Da kam auch schon Papa. Der Mann an der Tür war sichtlich erleichtert, er lächelte Gretas Vater an und fragte: »Philipp Sonnenberg?«

»Ja?«, antwortete Papa.

»Wir haben hier ein paar Kubikmeter Holz für Sie.«

»Ah, ja, schön, bringen Sie es doch bitte in den Garten.«

Mama kam dazu und fragte Papa: »Wieso, bitte schön, kriegen wir tonnenweise Holz geliefert?«

»Lange Geschichte. Hab ich von einem alten Freund bekommen, ganz billig. Wir wollten doch immer schon mit den Kindern ein Baumhaus bauen. Das können wir jetzt machen«, strahlte er und ging – ein bisschen zu schnell – zu den Männern nach draußen.

»Mama, toll! Wir bekommen ein Baumhaus!«, freute sich Greta und rannte zu ihrem kleinen Bruder, um ihm davon zu erzählen.

Und Mama rief: »Das ist doch viel zu viel Holz, da bleibt doch das meiste einfach liegen und müllt unseren Garten zu.«

Ungefähr eineinhalb Stunden später war der LKW wieder weg und Papa stand mit einem Grinsen im Gesicht vor dem riesigen Haufen Holz, der nun im Garten aufgetürmt war.

»Das ist aber viel Holz«, sagte Greta und verrenkte sich fast den Hals, als sie nach oben schaute, um die Spitze des Holzhaufens zu entdecken.

»Ich weiß, mein Schatz, ich weiß«, antwortete Papa und legte Greta und Paul seine Arme auf die Schultern. »Das wird ein tolles Baumhaus. Und ich schlage vor, wir fangen direkt an zu bauen.« Papa kramte eine Zeichnung aus seiner Hosentasche. »Ich hab da auch schon was vorbereitet.«

Die Zeichnung sah genauso aus, wie Greta und Paul sich ihr Baumhaus immer vorgestellt hatten. Sie holten ihr Werkzeug aus der Garage und ihre Handschuhe und fingen an zu messen und zu sägen. Mama kam auch noch dazu und half, wo sie nur konnte. Nach kurzer Zeit hatten sie Stützen am Stamm befestigt und ein Grundgerüst für den Boden des Baumhauses daran festgeschraubt. Darauf kamen flache Bretter – und fertig war die Plattform. Als Nächstes bauten sie ein Geländer, ein paar Wände und ein Dach. Durch eine Klappluke im Boden des Baumhauses konnte man rein- und wieder rausklettern.

»Das ist so toll, Papa! Dürfen wir heute im Baumhaus schlafen?«, fragte Paul.

»Ja, warum denn nicht?«, antwortete Papa. »Aber vielleicht sollten wir noch eine Art Notausgang bauen, damit ihr schnell runterkommt, falls ihr in der Nacht mal auf die Toilette müsst. Das Klettern dauert ja doch immer ein bisschen.«

Also wurde noch eine Rutsche an die Baumhausplattform gezimmert. Die Rutsche war so breit, dass Paul mit seinem Tretauto bequem dort runtersausen konnte. Das war noch besser als rutschen.

»Ich denke, wir sollten die Rutschbahn noch ein bisschen verlängern. Wir bauen einen größeren Startturm«, sagte Papa und fing an, Holz zuzuschneiden.

So wurde das Baumhaus Etage für Etage und Bahnstück für Bahnstück immer mehr zu einer richtigen Achterbahn. Weil es so anstrengend war, das Tretauto bis ganz nach oben zu tragen – inzwischen hatte das Baumhaus fünf Etagen –, baute Papa den Motor vom Rasenmäher an eine große Kette mit einem Haken. Damit wurde das Tretauto bis in den obersten Wipfel des Baums gezogen. Dort gab es auch einen kleinen Ausguckturm, von dem man einen prima Rundumblick über die ganze Gegend hatte.

Damit das Auto bei den hohen Geschwindigkeiten nicht von der Bahn geschleudert wurde, baute Papa eine Führung aus Holz. Darin wurde der Rahmen des Tretautos so festgehalten, dass auch ein Looping möglich wurde. Den bauten Papa, Paul und Greta auch noch ein. Und es wurde ein besonderer Looping – mit Drehung. Damit wurde aus der Holzachterbahn eine Möbiusbandachterbahn.

»Was ist ein Möbiusband?«, wollte Paul wissen.

»Also, stell dir vor, du hast einen Papierstreifen, den du zu einem Kreis zusammenklebst. Dann kannst du mit einem Stift außen auf den Papierstreifen einen Strich malen. Und du kannst einen Strich innen auf den Streifen malen«, erklärte Papa. »Aber wenn du das Papier einmal verdrehst, bevor du es zusammenklebst, dann kannst du einen einzigen Strich malen, ohne einmal abzusetzen – und der Strich ist sowohl auf der Außen-, als auch auf der Innenseite des Papierrings.«

»Und das nennt man Möbiusband?«, fragte Paul.

»Das nennt man Möbiusband«, sagte Papa.

Und so konnten die Kinder einmal auf der einen Seite der Achterbahnstrecke fahren und – ohne anzuhalten – eine zweite Runde auf der anderen Seite fahren.

Durch das Jauchzen und Johlen von Greta und Paul wurden natürlich die Nachbarskinder neugierig und kamen vorbei, um zu schauen, was denn im Garten der Sonnenbergs los war. Greta verteilte Fahrkarten und brüllte wie auf der Kirmes: »Kommen Sie, staunen Sie, die nächste Fahrt geht rückwärts.«

Und so fuhren die Kinder bis spät in die Nacht auf der Holzachterbahn im Garten der Sonnenbergs. Als alle müde waren, legten sie sich mit Schlafsäcken in den Ausguckturm, schauten in die Sterne und schliefen achterbahnglücklich ein.

Von dem riesigen Holzhaufen war übrigens kein Stück übrig geblieben.

6

Morselichter

Es war eine warme Sommernacht, und Greta konnte nicht schlafen. Sie saß auf der Fensterbank in ihrem Zimmer und schaute nach draußen in Richtung Wald. Der Himmel war so klar, dass sie über den Wipfeln Millionen von Sternen glitzern sah. Greta war sehr froh, wach zu sein.

»So etwas Wunderschönes gibt es nur in der Nacht zu sehen«, sagte sie zu ihren Stofftieren, die mit ihr auf der Fensterbank saßen. Ihre Kuscheltiere brachten vor lauter Sternenhimmelschönheit keinen Pieps hervor.

Greta überlegte, ob es vielleicht irgendwo da oben auch gerade ein Mädchen gäbe – ein außerirdisches –, das genau wie sie nicht schlafen konnte. Und das genau jetzt in den Himmel schaute, vielleicht sogar direkt in ihre Richtung und dasselbe dachte wie Greta. Dann würden sich ihre Gedanken in der Mitte treffen und sie könnten einen Kakao zusammen trinken. Oder was Mädchen auf anderen Planeten eben gerne zum Kaffeeklatsch trinken.

Greta winkte in den Himmel. »Wie heißt du wohl?«, flüsterte sie. Im selben Moment erschien eine Sternschnuppe und malte eine leuchtende Linie in den Himmel. »Schön!«, rief Greta. Die Sternschnuppenspur endete genau über dem Schattenriss der Baumwipfel – und verschwand.

Alles war ruhig. Nur der Wind säuselte leise und warm. Moment, was war da? Greta rieb sich die Augen. War da gerade ein Leuchten über dem Wald? Ja, da war wirklich ein leichtes, grünes Schimmern. Es wurde stärker und wieder schwächer. Wie ein zartes Blinklicht. War die Sternschnuppe vielleicht gar keine Sternschnuppe, sondern ein kleines Raumschiff, das hinter Gretas Haus im Wald gelandet war? Bekam Greta vielleicht Besuch von dem außerirdischen Mädchen, an das sie eben noch gedacht hatte?

»Dann erfahre ich ja doch noch, wie du heißt«, dachte Greta. Sie sprang von der Fensterbank und zog sich rasch an. Sie nahm ihre Taschenlampe und huschte nach draußen.

Vor dem Haus blieb sie kurz stehen. Sollte sie wirklich ganz alleine in den Wald gehen? Sie hatte keine Angst, aber falls sie eine schwere Raumschifftür öffnen müsste, könnte sie Hilfe brauchen. Schnurstracks ging sie zum Nachbarhaus. Dort wohnten Ole und Leo. Zum Glück im Erdgeschoss mit Blick in den Vorgarten. Greta schlich über den Rasen bis zur Häuserwand und klopfte an die Scheibe von Oles und Leos Zimmer. Sie wartete und horchte, ob sich irgendwer rührte. Nichts. Sie klopfte noch einmal etwas kräftiger. Nach ein paar Sekunden erschienen zwei verschlafene Gesichter hinter der Scheibe. Ole und Leo gähnten gleichzeitig, öffneten das Fenster und zischten: »Greta! Tickst du noch ganz richtig?«

»Ihr müsst schnell nach draußen kommen. Im Wald ist ein Raumschiff gelandet!«

Fast wäre ihr noch die Sache mit dem außerirdischen Mädchen rausgerutscht, aber dann hätten Ole und Leo sie vermutlich für total bescheuert gehalten. Die Jungs waren sofort hellwach.

»Also, es könnte jedenfalls ein Raumschiff sein«, sagte Greta, »ich bin mir nicht so sicher. Aber ich hab ein Leuchten im Wald gesehen. Ein ganz schwaches Blinken.«

»Warte, wir ziehen uns eben an.« Ole und Leo verschwanden im Zimmer und kletterten ein paar Minuten später aus ihrem Fenster nach draußen. »Dann mal los«, sagten sie.

Auf dem Weg in den Wald erzählte Greta kurz, was sie gesehen hatte. Als sie die Bäume erreichten, sprachen alle drei kein Wort mehr, sondern lauschten in die dunkle Stille, um vielleicht ein Geräusch zu hören, das sie noch nie gehört hatten. Denn wenn wirklich ein Raumschiff im Wald gelandet war, dann würde man das bestimmt hören, dachten sie.

Aber da war nichts. Sie gingen ein wenig den Weg entlang und blieben stehen. Es gab kein Geräusch außer dem Zirpen der Grillen und manchmal ein Rascheln im Unterholz. Greta und die Jungs schlichen weiter. Langsam. Sie konnten das Glucksen des kleinen Bächleins hören. Alle paar Schritte hielten sie an, um nach dem grünen Blinken Ausschau zu halten. Sie sahen sich um. Leo streckte seinen Arm und zeigte mit dem Finger auf eine Stelle. »Da!«

Gar nicht weit von ihnen flimmerte es leicht grünlich in der Luft. Sie gingen näher zum Licht und auf einmal waren sie umgeben von schwebenden Leuchtpunkten. Waren das die Außerirdischen?

»Glühwürmchen!«, riefen Ole und Leo. »Tausende!«

»Sieht das toll aus!« Greta war begeistert. Und auch ein bisschen enttäuscht, dass doch kein Raumschiff in ihrem Wald gelandet war. Jetzt werde ich nie erfahren, wie das Mädchen vom anderen Planeten heißt, dachte sie traurig.

Die Kinder blieben still stehen und sahen sich das Lichtkonzert der Glühwürmchen an. Zuerst blinkten die Tiere alle wild durcheinander. Dann hatte es den Anschein, als würden sie sich in mehrere Gruppen einteilen, die zusammen im Takt blinkten. Erst die linke Gruppe, dann die rechte Gruppe, dann die mittlere Gruppe Glühwürmchen. Dann sah es so aus, als würden alle Glüchwürmchen zusammen eine La-Ola-Welle machen. Wie die Fans im Fußballstadion. Und dann blinkten auf einmal alle Glühwürmchen gleichzeitig. Wie eine große Taschenlampe, die ein- und ausgeschaltet wird.

»Ist das toll!« Greta, Ole und Leo staunten! Die Glühwürmchen veranstalteten einen richtigen Lichtertanz und blinkten gleichzeitig. Sie leuchteten kurz auf, dann lang. Dann lang. Dann wieder kurz. Dann kurz und lang und kurz. Dann lang und lang und kurz. Dann gab es eine kleine Pause und das Lichtspiel ging wieder von vorne los.

Ole stupste Leo an. »Das sind Morsezeichen!«, flüsterte er.

»Was sind Morsezeichen?«, wollte Greta wissen.

»Morsezeichen sind Buchstaben und Zahlen, die man mit Tönen oder Licht machen kann«, erklärte Leo leise. »Wenn ich meine Lampe einmal kurz einschalte, ist das ein ›E‹. Licht kurz an und dann lang an ist ein ›A‹. Dreimal lang ist ein ›O‹. Und so weiter.«

»Kennt ihr alle Zeichen?«, fragte Greta.

»Klar, so unterhalten wir uns immer, wenn wir nicht wollen, dass andere es mitbekommen.«

»Und was sagen die Glühwürmchen?« Greta war ganz aufgeregt.

»Moment. Kurz, lang. Lang. Kurz. Kurz, lang, kurz. Lang, lang, kurz.« Leo und Ole beobachteten ganz genau, wie die Glühwürmchen blinkten.

»Was bedeutet das?« Greta fiel es sehr schwer, ruhig zu bleiben.

»Das bedeutet: ATERG. Was soll das denn heißen?«, sagte Ole und schüttelte den Kopf.

Und Leo meinte. »Das ergibt überhaupt keinen Sinn.«

Sie standen noch eine Weile im Licht der Glühwürmchen und sahen ihnen zu, wie sie im immer gleichen Rhythmus blinkten. Greta lächelte: »Ich glaube, ich weiß, was ATERG bedeutet.«

7

Apfelbaumwiese

»Lass uns hier mal Pause machen«, sagte Gretas Opa und zeigte auf die Bank. Die beiden setzten sich und schauten auf die vielen Apfelbäume, die überall auf der Wiese standen.

In der Stadt, in der Greta wohnte, gab es einige Parks, durch die man schön spazieren konnte. Aber nur in diesem Park standen überall Apfelbäume. Deshalb war es Gretas Lieblingspark. Hier ging sie mindestens einmal in der Woche mit ihrem Opa spazieren. Und immer an dieser Bank wollte Opa eine Pause machen. Manchmal waren sie ganz allein, vor allem, wenn es regnete. An anderen Tagen ließen sie sich von der Sonne wärmen und sahen den anderen Spaziergängern zu, wie sie durch den Park schlenderten und über die Wiese gingen. Es war die beliebteste Wiese von allen Parks in der Stadt. Denn wenn man Hunger hatte und die Bäume schon Äpfel trugen, konnte man sich einfach einen Apfel pflücken und ihn essen. Sie schmeckten süß und sauer in genau der richtigen Mischung.

»Warum stehen hier eigentlich so viele Apfelbäume, Opa?«, wollte Greta wissen.

»Das ist eine gute Frage. Und du fragst genau den Richtigen. Denn außer mir weiß niemand, woher alle diese Apfelbäume kommen.«

»Erzähl!«, sagte Greta.

»Weißt du, diesen Park hier gibt es schon sehr, sehr lange. Als ich ein Kind war – ich war so alt wie du jetzt –, bin ich auch schon immer hier gewesen. Allerdings hatte ich keinen Opa, mit dem ich spazieren gehen konnte. Ich hatte Bruno.«

»Wer war Bruno?«, fragte Greta.

»Bruno war mein Hund. Und hier sind wir immer spazieren gegangen.«

»Oh, du Guter! Ich wünschte, ich hätte auch einen Hund! Wie sah Bruno denn aus?«, wollte Greta wissen.

»Er ging mir ungefähr bis zu den Knien, hatte blondes Fell und war ein sehr freundlicher Hund. Ja, er war mein bester Freund. Ich bin nirgendwo hingegangen ohne Bruno. Und er liebte diesen Park hier.«

»Das kann ich mir vorstellen. Er hat bestimmt an jedem Apfelbaum sein Beinchen gehoben.«

»Du wirst lachen! Er hat an keinem dieser Bäume jemals sein Beinchen gehoben. Diese Bäume gab es nämlich damals noch gar nicht. Damals war das alles nur Wiese. Hier stand kein einziger Apfelbaum«, erzählte Opa. »Na, jedenfalls war Bruno mein bester Freund. Einmal sind wir spät abends durch den Park spaziert, weil er noch mal rausmusste. Wir sind diesen Weg dahinten gegangen, und ich sah, dass auf einer Bank fünf große Jungs saßen. An denen mussten wir vorbei. Ich dachte mir, hoffentlich sagen die nichts Doofes, weil, du kennst das bestimmt nicht, mir fallen richtig gute Antworten immer erst Stunden später ein.«

»Doch, Opa, das kenne ich. Mir geht es genauso.«

»Na, jedenfalls mussten wir an den Jungs vorbei und ich ging im Kopf schon alle möglichen Antworten auf alle möglichen Sprüche von denen durch. Als wir näher kamen und einer der Jungs gerade etwas sagen wollte, knurrte Bruno so laut, wie ich es noch nie vorher gehört hatte. Das Knurren hörte sich so furchterregend an, als wäre Bruno der gefährlichste Wachhund, den man sich vorstellen konnte. Also, wenn er nicht mein Hund gewesen wäre, hätte ich mir vor Angst in die Hosen gemacht.«

»Aber es war ja dein Hund«, sagte Greta.

»Genau. Und deshalb haben sich die Jungs auf der Bank in die Hosen gemacht.«

»Echt, Opa?«

»Nein, ich glaube nicht. Aber sie waren sofort still. Keiner von denen hat je wieder irgendwas Doofes zu mir gesagt. Bruno hat denen mit einmal Knurren echt Respekt eingeflößt.«

»Er hat bestimmt gemerkt, dass du ein bisschen Angst hattest.«

»Ja, das glaube ich auch«, sagte Opa.

»So ein Hund würde mir auch gefallen.«

»Aber du wolltest ja wissen, warum hier so viele Apfelbäume stehen. Vor langer Zeit sind Bruno und ich jeden Tag in den Park gegangen. Auf dem Weg hierhin kamen wir an einem alten Apfelbaum vorbei, von dem niemand mehr die Äpfel erntete. Sie fielen alle auf den Boden und wurden langsam braun. Bruno liebte diese Äpfel. Er nahm jeden Tag einen in seine Schnauze, kaute ein bisschen darauf herum und trug den Apfel in den Park. Dann lief er los und vergrub ihn wie einen Knochen. So ging das den ganzen Sommer und den ganzen Herbst. Dann kamen die Herbstferien und Bruno wurde krank. Zuerst humpelte er nur ganz leicht. Aber es wurde jeden Tag ein wenig schlimmer. Als der Winter da war und der erste Schnee gefallen war, konnte Bruno nur noch am Ofen liegen – so schlimm war es mit ihm geworden. Kurze Zeit später starb er.«

»Das ist aber traurig, Opa«, seufzte Greta.

»Ja, ich weiß.« Opa wurde still. Und auch Greta sagte kein Wort. Sie saßen einfach nebeneinander auf der Bank und schauten auf die Wiese mit den Apfelbäumen.

Nach einer Zeit drehte sich Greta mit großen Augen zu ihrem Opa: »Heißt das, alle Apfelbäume hier hat Bruno gepflanzt?«

»Ich glaube, ja«, grinste Opa zurück, »jedes Mal wenn wir hier sitzen, denke ich an meinen Hund Bruno. Deshalb ist das mein Lieblingspark.«

»Meiner auch!«, rief Greta. Die beiden standen auf und gingen über die Apfelbaumwiese nach Hause. Greta pflückte sich einen Apfel, biss hinein und sagte mit vollem Mund: »Danke, Bruno!«

8

Lagerfeuerfledermäuse

Es war der erste Abend in den Sommerferien. Die Kinder aus der Nachbarschaft waren den ganzen Nachmittag durch die Gärten und den Wald gezogen, um trockenes Holz zu suchen. Dürre Zweige und dicke Äste – alles, was sie finden konnten, hatten sie eingepackt und in den Garten von Familie Sonnenberg getragen.

Papa Sonnenberg sagte: »Lilo und Anton: Am besten ist es, ihr sortiert alles, was ihr gefunden habt, nach Größe. Hier kommen die dicken Äste hin. Daneben die dünnen Zweige. Daneben der ganze Kleinkram. Da kann euch Paul sehr gut helfen. Danke, Paul, dass du so viele Tannenzapfen und Nadeln eingesammelt hast.«

Der kleine Paul grinste stolz. Auch die anderen Kinder bekamen Aufgaben: Marie und Greta sollten die besten und geradesten Stöcke heraussuchen, die Zwillinge Leo und Ole wurden in die Küche geschickt, um beim Teig fürs Stockbrot zu helfen, und Lilo und Anton durften Steine um die Feuerstelle im Garten legen. Papa nahm die Axt und spaltete Holz für das Feuer.

Nach einer Weile, als alle Aufgaben erledigt waren, und Gretas Vater einen Eimer Wasser zwischen Feuerstelle und Gartenhaus gestellt hatte, machte er sich daran, das Holz zu einem kleinen Haufen aufzuschichten: Zuerst legte er ein Stück Birkenrinde auf die Feuerstelle, darauf kamen einige trockene dünne Zweige und darauf ein paar dickere Äste. Die Kinder schauten gespannt zu, während die Sonne langsam den Horizont berührte.

»Und jetzt kommt der große Moment«, sagte Gretas Papa.

Er zündete die kleine Holzpyramide an – und es dauerte nicht lange, da brannte im Garten der Sonnenbergs ein schönes kleines Lagerfeuer. Das Feuer warf tanzende Kinderschatten an die Wand des Gartenhäuschens, während die Kinder ruhig um das Feuer herumsaßen und die Rinde von ihren langen Stöcken schnitzten. Dann wickelten sie den Brotteig um die Stockspitzen. Und während das Stockbrot über dem Feuer gebacken wurde, erzählten sich die Kinder, was sie in den Ferien alles erleben wollten.

Es hätte ein gemütlicher Lagerfeuerabend werden können. Aber als die Sonne untergegangen war und es etwas kühler wurde, kamen die Mücken. Sie schwirrten in hohen Tönen um die Kinder und setzten sich ganz frech auf jede freie Hautstelle. Die Kinder fingen an, wild um sich zu schlagen, um die Mücken zu vertreiben. Leo und Ole fuchtelten so stürmisch mit ihren Armen, dass ihre Stockbrote von den Stöcken flogen und im Gras landeten. Aber Grasbrote wollte niemand essen. Paul fing an zu jammern, weil es sich die Mücken auf seiner Nase gemütlich machten. Und jedes Mal wenn er sie mit seinem Finger wegschnippsen wollte, traf er statt der Mücken seine Nasenspitze. Das tat ziemlich weh. Anton rannte im Garten umher, weil er dachte, er könnte schneller laufen als die Mücken fliegen. Zuerst war das auch so. Dann aber trat er mit dem Fuß mitten in den Wassereimer, stolperte und landete der Länge nach im Gras. Die Mücken stürzten sich auf ihn. Egal was die Kinder auch taten, den Mücken machte es nichts.

Greta blieb die ganze Zeit, so ruhig sie konnte, am Lagerfeuer sitzen und hoffte, dass die Mücken sie nicht bemerkten. Sie sah sich das Durcheinander an – und hatte eine Idee: »Fledermäuse!«

»Was hast du gesagt?«, brüllte Marie, die sich mit den Händen die Ohren zuhielt, um das hohe Summen der Mücken nicht mehr hören zu müssen.

»Fledermäuse! Wir brauchen Fledermäuse. Die fressen die Mücken. Und wenn die Mücken alle gefressen worden sind, haben wir wieder Ruhe.«

Marie schaute Greta mit einem leichten Kopfschütteln an. »Wo sollen wir denn Fledermäuse herbekommen? Normalerweise sind deine Ideen ja echt gut. Aber die ist total doof.« Und sie hielt sich wieder die Ohren zu.

Greta winkte und zeigte auf die Wand des Gartenhäuschens. Marie ver-

stand nicht. Sie schaute zu Greta, dann zum Gartenhaus, auf dem die Schatten der Kinder ein noch größeres Durcheinander veranstalteten als die Kinder selbst. Dann schaute sie wieder zu Greta und zuckte mit den Schultern.

Greta stand auf, ging auf die andere Seite des Lagerfeuers, sodass ihr Schatten ganz deutlich auf der Wand des Gartenhäuschens zu sehen war. Dann verschränkte sie ihre Daumen, klappte die Finger ein und wackelte mit den Händen so, wie Fledermäuse es mit ihren Flügeln tun. Marie guckte zu Greta und dann zu Gretas Schatten. Der Schatten von Gretas Händen sah aus wie eine flatternde Fledermaus. Und dieser Fledermausschatten zuckte nun über die Wand des Gartenhäuschens. Greta konzentrierte sich voll auf ihren Schatten. Er bewegte sich ruckartig nach links, nach rechts, nach unten, und als er sich nach oben bewegte, riss sich der Fledermausschatten plötzlich von Gretas Schattenhand los und flog davon! Die schwarze Fledermaus flatterte eine Runde durch den Himmel, über den Garten, schlug einen Haken nach dem anderen und flog dann im Sturzflug Richtung Boden – auf der Jagd nach Mücken!

Greta winkte Marie zu sich und gemeinsam ließen sie eine Fledermaus nach der anderen starten. Auch Leo und Ole und Anton und Lilo machten mit. Paul und Papa saßen am Feuer und staunten. Ein ganzer Schwarm Fledermäuse flog durch den Garten und erledigte die Mücken. Es war ein großartiges Schauspiel. Und es dauerte gar nicht lange, bis alle wieder in

Ruhe und ohne Mückengesumme um das Lagerfeuer herumsitzen konnten. Antons Schuh war wieder trocken und sie aßen zufrieden ihre Stockbrote.

»Was für Tiere kannst du denn noch?«, wollte Paul von seiner großen Schwester wissen.

»Oh, Wölfe kann ich auch sehr gut«, antwortete Greta mit einem kleinen Grinsen, während Paul ganz große Augen bekam. »Aber heute nicht mehr.«

Die Fledermäuse kreisten noch lange weiter als schwarze Schatten vor dem tiefblauen Nachthimmel. So lange, bis das Feuer erloschen war. Und in der Ferne heulte irgendwo – ein Hund.

9

Fliegenschule

»Mama! Mausi hat schon wieder eine Fliege gejagt und gefressen!« Paul war empört.

»Aber das ist doch nicht so schlimm«, sagte Mama. »Ich bin ehrlich gesagt ganz froh, dass sie sich um die Fliegen kümmert. Ich hab das Gefühl, es werden immer mehr.«

Mausi schmatzte vor sich hin.

»Aber ich brauche die Fliegen doch noch«, sagte Paul.

»Ja, mein Schatz«, antwortete Pauls Mama, ohne ihn anzusehen. Sie war gerade damit beschäftigt, Papiere in Ordner zu sortieren und hörte gar nicht richtig zu. Mausi putzte sich die Pfoten.

»Mama, darf ich den Bio-Müll wegbringen?«, fragte Paul.

»Natürlich, mein Kleiner.« Pauls Mama freute sich immer, wenn Paul im Haushalt mithalf. Doch dann stutzte sie. Denn Paul brachte den Bio-Müll nicht nach draußen in die Tonne, sondern verschwand mit der Schüssel in den Keller. Sie stand vom Tisch auf und ging Paul hinterher, die Kellertreppe hinunter.

Im Keller der Sonnenbergs gab es unter der dicken Betontreppe einen kleinen Raum, um den sich niemand kümmerte. Niemand außer Paul, der sich dort eine Art Mini-Labor eingerichtet hatte. Ein Mini-Labor, das doch mehr ein kleiner Bauernhof war. Paul hatte jede Menge Obst und Gemüse fein ordentlich unter die Treppe gelegt. Die Früchte gammelten langsam vor sich hin und gaben einen süßlichen, erdigen Geruch von sich. Und natürlich gab es auf Pauls kleinem Bauernhof auch Tiere: An den Bananen, den Apfelresten, den Kirschkernen, den Salatblättern und was Paul sonst noch alles unter die Treppe geschleppt hatte, klebten Hunderte Fliegen. Nein, es waren viel mehr. Es waren Tausende. Es waren Hunderttausende. Paul war unter die Fliegenzüchter gegangen.

Von all dem ahnte Pauls Mama nicht das Geringste, als sie jetzt an die Tür klopfte, die in den kleinen Kellerraum führte

»Ich kann gerade nicht«, rief Paul.

»Was machst du denn da mit dem Bio-Müll?«, wollte seine Mama wissen.

»Nichts«, antwortete Paul durch die Tür.

»Darf ich reinkommen?« fragte Mama.

»Aber vorsichtig, damit du sie nicht erschreckst!«

Pauls Mama zog den Kopf ein und betrat den winzigen Raum unter der Treppe. Nicht nur, dass er ungefähr so roch wie die braune Bio-Mülltonne draußen vorm Haus. Nein, hier gab es auch mindestens genauso viele Fliegen wie in der braunen Bio-Mülltonne. Die Wände waren schwarz vor Fliegen. Und mittendrin saß der kleine Paul.

»Oh, nein, Pauli! Was machst du denn hier? Wo kommen denn die ganzen Fliegen her? Was machst du mit denen?«

»Ich bringe den Fliegen fliegen bei«, erklärte Paul. Er hatte eine kleine Tafel neben sich, auf der er mit Kreide viele kleine Punkte und jede Menge Linien gemalt hatte.

Mama sagte – mehr zu sich selbst als zu Paul: »Ich dachte, wenn Fliegen eine Sache schon von Anfang an können, dann ist es fliegen. Ich wusste nicht, dass man Fliegen fliegen erst noch beibringen muss.«

»Nicht so laut reden, Mama. Du erschreckst sie sonst!«

»Paul, du musst den ganzen Bio-Müll bitte sofort rausbringen. Und dann machen wir hier sauber. Es geht nicht, dass du hier eine Fliegenschule hast.« Pauls Mama musste sich sehr anstrengen, ruhig zu bleiben, denn so viele Fliegen hatte sie noch in ihrem Leben gesehen.

»Aber, Mama, ich brauche die Fliegen. Ich habe nämlich etwas ganz Tolles gemacht. Und ohne die Fliegen funktioniert es nicht.« Paul war den Tränen nahe.

Seine Mama packte den Müll zusammen, der am meisten stank. »Es tut mir sehr leid, Paul, aber hier stinkt es bestialisch.«

Dann trug sie den Müll aus dem kleinen Verschlag unter der Treppe raus nach draußen. Als sie wieder zurückkam, um weiter aufzuräumen, war Paul nicht mehr da. Und auch alle Fliegen waren verschwunden. Mama rief: »Paul? Paul, wo bist du?«

Keine Antwort.

»Und wo sind die Fliegen?«, flüsterte sie hinterher.

»Ich bin hier, Mama!« Pauls Stimme kam von oben. Pauls Mama ging die Kellertreppe hoch und horchte. »Hier, Mama!« Sie hörte ihn, aber sie konnte ihn nicht sehen. Sie schaute unter dem Tisch und unter den Stühlen. Sie schaute überall dort, wo kleine Jungs gerne hinkriechen.

»Du musst hochsehen!«, sagte Paul.

Seine Stimme war ganz nah. Und noch ein Geräusch war nah: ein Summen von hunderttausend Fliegen. Es kam von direkt über ihr.

Paul saß im Schneidersitz auf einem Badehandtuch. Und das Badehandtuch schwebte in der Luft! Mama kreischte kurz. Dann rieb sie sich die Augen. Paul saß auf dem Handtuch wie Aladin auf dem fliegenden Teppich! Er schwebte nach links und nach rechts und ein Stück auf seine Mama zu.

Über das Summen der Fliegen rief er: »Das hab ich ganz alleine gemacht! Ich hab den Fliegen beigebracht, wie sie alle zusammen unter dem Handtuch fliegen und mich tragen.« Und dann flog er durch das Zimmer und zur Tür hinaus. Er flog in den Garten, einmal zum Geräteschuppen, machte eine Runde um die Schaukel und kam dann wieder zurück zur Terrasse, auf der Mama stand, die sich ihren Sohn auf dem fliegenden Handtuch anschaute. Paul bremste und fragte: »Bitte, Mama, darf ich sie behalten?«

Mama Sonnenberg war so erstaunt, dass sie nur nicken konnte.

»Hurra«, rief Paul, »und bis zu den Ferien hab ich so viele Fliegen, dass wir alle zusammen auf dem Wohnzimmerteppich in Urlaub fliegen können.«

Da musste sich Pauls Mama erst mal hinsetzen. Und Mausi stand neben ihr und schaute sehr aufmerksam zu Paul und seinen Fliegen. Sie sah hungrig aus.

10

Spinnenwindspiel

Greta blieb mitten im Spiel stehen und bewegte sich nicht mehr. Es war, als hätte sie jemand mit einer Fernbedienung ausgeschaltet. Eigentlich war sie gerade eben noch vor Marie weggerannt, die mit Fangen an der Reihe war. Greta war den Erikaweg in Richtung Sackgassenende gelaufen. Und dort, wo die Straße zum Fußweg wurde, der an den Wiesen vorbei in den Wald führte, war sie einfach stehen geblieben. Dabei kannte sie diesen Weg in- und auswendig. Und es gab auch keine Fangen-Regel, die verboten hätte, weiter in diese Richtung zu rennen. Greta stand da wie die Statue eines Sportlers: Die Beine waren noch in Schrittstellung und die Arme wie beim Laufen angewinkelt.

»Ich hab dich. Du bist dran«, rief Marie und berührte Greta mit der Hand.

Als Greta sich nicht rührte, fragte Marie: »Greta? Lebst du noch?«

»Ja«, antwortete Greta und erwachte wieder aus ihrer Starre. »Guck doch mal!« Sie zeigte auf den Weg.

Greta ging zu einem winzigen Glitzern, das in der Luft schwebte. Es war, als würde ein Sonnenstrahl vor ihnen hin- und hertanzen. Inzwischen waren auch die anderen Kinder bei Greta und Marie angekommen. Alle rückten zusammen und schauten sich an, was Greta entdeckt hatte. Im Licht der Sonne funkelte ein dünner, feiner Faden.

»Das ist ein Spinnenfaden«, sagte Anton. »Vielleicht hat eine Spinne versucht, hier ein Netz zu bauen.« Wie aufs Stichwort tauchte eine kleine Spinne auf und hangelte sich an dem Faden entlang, den sie über den Weg gespannt hatte.

»Die Spinne spinnt«, sagte Leo, »der Weg ist hier viel zu breit. Das kriegt sie nie hin, hier ein Netz zu bauen.«

Tatsächlich war der Weg vom linken Rand bis zum rechten Rand mindestens drei Meter breit. Die Spinne dagegen war gerade mal so groß wie der Nagel von Gretas Daumen. Wie sollte so ein kleines Spinnchen solch ein großes Netz weben? Das war wirklich unmöglich.

»Ich wette dagegen«, sagte Greta. »Ich glaub an dich, kleine Spinne.« Und sie machte eine Faust zur Spinne hin, so als wollte sie sie anfeuern.

Als hätte die Spinne nur darauf gewartet, dass ihr jemand zusah, legte sie jetzt richtig los. Sie ließ sich vom ersten Faden fallen. Der Wind packte sie und trug sie auf die andere Seite des Weges. Dort suchte sich die Spinne einen kleinen Ast, machte dort ihren Spinnenfaden fest – und hatte nun eine einfädige Brücke über den ganzen Weg gespannt. Dann lief sie hin und her. Spann Faden um Faden. Manchmal ließ sie sich vom Wind helfen, um schneller auf die andere Seite zu kommen. Dann aber kam es auch vor, dass der Wind sie in die völlig falsche Richtung wehte und sie mühsam wieder zurückkrabbeln musste.

Die Kinder sahen gebannt zu, wie die Spinne arbeitete. Und sie hatten völlig vergessen, dass sie eigentlich Fangen spielen wollten. Das Spinnennetz wurde größer und größer. Mehr und mehr Sonnenstrahlen blieben an den Fäden kleben und leuchteten in der Luft. Erst hell in allen Farben des Regenbogens, dann wurde das Licht gelblicher, dann orange, und dann irgendwann rot. Die Sonne ging unter. Der Himmel war noch blau, aber die Bäume und Sträucher am Weg und im Wald waren schon ganz dunkel, ihr Grün konnte man nur noch erahnen.

»Wir müssen zum Abendbrot nach Hause«, sagte Leo. Er freute sich ein bisschen: »Ich glaube, ich hab gewonnen.« Er sah Greta an und grinste. »Das wird heute nichts mehr mit den Netz.«

Als sich Greta zwei Stunden später ins Bett legte und noch ein wenig lesen wollte, hörte sie, wie draußen im Garten der Wind durch die Windspiele strich. Sie hörte die vertrauten Glockentöne und Spieluhrenklänge. Aber da war noch ein anderes Geräusch. Es klang fast wie eine Harfe – nur viel weicher und schwebender.

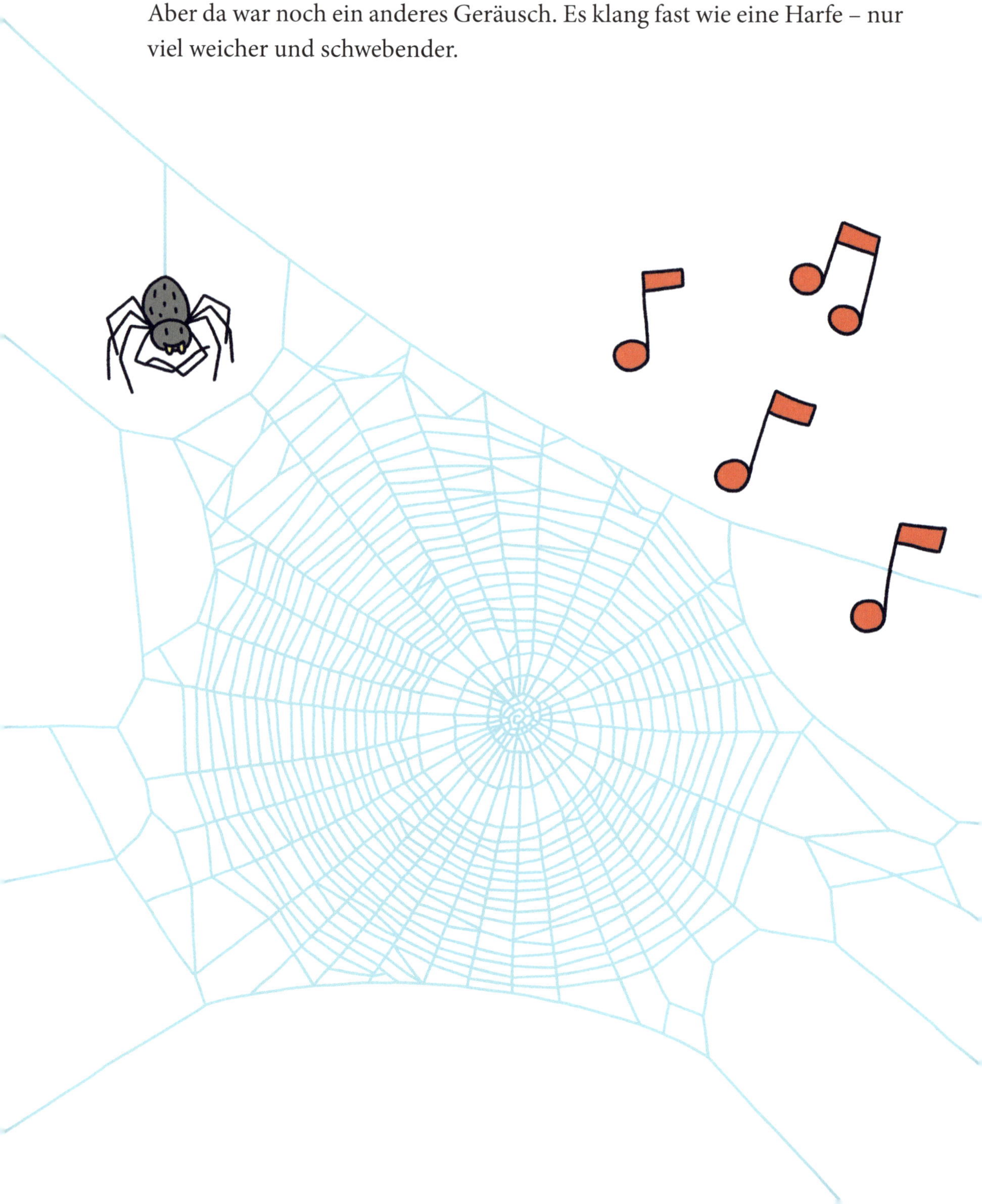

»Haben wir ein neues Windspiel«, fragte sie sich und schaute durch ihr Fenster nach draußen. Der neue, ungewohnte Klang kam nicht aus ihrem Garten, sondern von viel weiter weg. Greta stand auf, zog sich ihre Schuhe an und ging nach draußen. Sie lauschte, von wo der neue Windspielklang wohl herkam – und ging ihm nach. Als sie um ihr Haus herumkam, traf sie auf dem Gehweg Leo und Ole, die auch im Schlafanzug draußen standen.

Leo fragte: »Habt ihr ein neues Windspiel, Greta?«

»Das wollte ich euch gerade fragen«, antwortete sie.

Zu dritt versuchten sie, dem Klang hinterherzugehen. Und sie waren nicht die Einzigen im Erikaweg: Lilo, Anton und Marie waren auch schon nach draußen gekommen und freuten sich, ihre Freunde zu sehen. Der Klang, den sie hörten, füllte ganz sacht und leicht die Luft um sie herum. So wie alles zartrosa leuchtete, wenn die Sonne unterging oder wie die Blätter im Herbst in orangefarbenen Schwärmen durch die Luft flogen. Der Klang war überall, deshalb war es für die Kinder so schwer, herauszufinden, wo das Windspiel hing, das diese Töne machte. Sie gingen von Haus zu Haus immer weiter in Richtung Sackgasse und lauschten in jeden Garten hinein.

Als sie am Ende der Straße angekommen waren, da wo der Weg an den Wiesen vorbei in den Wald führte, blieben alle wie angewurzelt stehen. Vor ihnen, quer über den Weg gespannt, hing das fertige Netz der kleinen Spinne. Obwohl die Sonne schon längst untergegangen war, schimmerten die Fäden, als wären sie aus Licht. Der Wind strich mit leichten Fingern über das Spinnennetz und brachte jeden einzelnen Faden zum Klingen.

»Das ist das beste Windspiel, das ich je gesehen hab. Und gehört hab«, sagte Leo – und alle Kinder dachten genau dasselbe. So standen sie noch minutenlang davor und bewunderten, was die kleine Spinne geschafft hatte.

Dann drehte Greta sich zu Leo und sagte: »Hört sich so an, als hätte ich die Wette doch gewonnen.« Leo sagte nichts, sondern grinste nur und nickte.

11

Eulenwecker

Als Greta sich abends ins Bett legte, war alles ganz normal. Es war ein warmer Tag gewesen und draußen zirpten immer noch die Grillen. Aus dem Garten klang die Musik einer kleinen Spieluhr. Greta hatte sie vor ein paar Wochen am Holz des Baumhauses festgeschraubt und an der Kurbel der Spieluhr ein Windrad befestigt. Jedes Mal wenn der Wind genügend wehte, kurbelte er die Spieluhr an. Und wenn der Wind dann auch noch aus der richtigen Richtung kam, konnte man ganz leicht das Rauschen des Bächleins hören, das hinter dem Haus der Sonnenbergs entlangfloss.

Auf dem Nachttisch neben Gretas Bett tickte leise der Wecker vor sich hin. Die Uhr hatte die Form einer Eule. Ihre großen Augen waren die meiste Zeit geschlossen, nur wenn man den Wecker einschaltete, öffnete die Eule ihre Augen – und achtete die ganze Nacht darauf, wach zu bleiben, um Greta am nächsten Morgen pünktlich zu wecken.

»Tick tack« machte der Eulenwecker und Greta dachte sich: Lustig. Eigentlich hört sich das Ticken immer gleich an. Und trotzdem sagen alle immer »tick tack«. Warum sagt man nicht »tack tick«? Und dann fiel ihr auf, dass das bei vielen anderen Wörtern auch so war. Der Klang der Türklingel war »ding dong«, nicht »dong ding«. Beim Turnen wollte sie unbedingt mal einen Flickflack machen, niemand würde jemals Flackflick dazu sagen. Tischtennis nannten die Kinder »Pingpong« und nicht »Pongping». Wenn sie mit Paul Schere, Stein, Papier spielte, dann riefen sie »schnick, schnack, schnuck«, niemals aber »schnuck, schnack, schnick«. Das klang total falsch. »Pillepalle«, »pickepacke«, »klipp und klar« – immer sagten die Menschen das Wort mit dem i zuerst. Das waren Gretas Gedanken,

während der Eulenwecker dazu tick tack machte. Tick. Und tack. Und Greta hörte zu. Und sprach ihrer Eule leise nach: »Tick. Tack. Tick.« Sie merkte, wie sie beim »Tick« automatisch lächelte. Und dann schlief sie ein.

Mitten in der Nacht wachte Greta auf. Es war, als hätte sie jemand an der Schulter wach gerüttelt. »Ja, was ist?«, sagte sie, aber da war niemand. Sie lag mit offenen Augen im Bett. Irgendetwas stimmte nicht. Aber sie konnte nicht genau sagen, was. Sie lauschte in die Dunkelheit. Alles war ruhig. Es gab kein Geräusch. Nichts. Und genau das war es, was nicht stimmte. Da war kein Grillenzirpen zu hören. Die Spieluhr im Garten war stumm. Das Bächlein hinterm Haus gab kein Glucksen von sich. Greta ging ans Fenster und schaute nach draußen. Die Blätter der Bäume bewegten sich nicht mehr. Vor dem Mond schwebten ein paar Wolken, aber sie standen still. Und genau zwischen Baumwipfel und Mond hing ein Vogel in der Luft. Er flog, ganz klar, aber er bewegte sich nicht. Es kam Greta so vor, als würde sie nicht aus dem Fenster schauen, sondern ein Poster ansehen. Alles war komplett bewegungslos.

Das fand Greta sehr seltsam. Sie stand auf und ging in Pauls Zimmer. Paul hatte normalerweise einen sehr lebhaften Schlaf. Mama sagte immer, wenn Paul schläft, sei er wie eine Kompassnadel am Nordpol – weil er sich ständig hin- und her- und rundherum im Kreis drehte. Aber nun? Nichts. Paul rührte sich nicht ein bisschen. Greta versuchte ihn zu wecken und flüsterte: »Paul! Paul! Schläfst du?« Wie ein Stein lag Paul im Bett.

Greta ging zum Schlafzimmer ihrer Eltern. Aber auch Mama und Papa lagen regungslos in ihrem Bett und ließen sich nicht wecken.

Greta bekam ein mulmiges Gefühl im Bauch und ging zurück in ihr Zimmer. Was, wenn die ganze Welt stillstand und sie die Einzige war, die es mitbekam? Das würde ja ziemlich langweilig werden, wenn niemand mehr mit ihr spielen könnte. Die ganze Welt wäre dann wie ein Museum. Alles wäre ganz leise und wenn sie durch die Straßen ginge, wäre es, als würde sie sich Ölgemälde anschauen, in denen sich nichts bewegte. Sie würde dann auf jeden Fall bei *Hänsel und Gretel*, dem Süßigkeitenladen, vorbeischauen – und sich vielleicht aus dem ein oder anderen Glas mit Gummibärchen und Sauren Zungen bedienen. Denn schließlich müsste sie ja essen. Und wenn niemand mehr da wäre, der sich um sie kümmern könnte, dann blieb ihr ja nichts anderes übrig.

Während Greta ihren Gedanken nachhing, fiel ihr Blick auf den Eulenwecker. Die Eule starrte sie mit ihren großen Augen an. Und natürlich war die Uhr auch stehen geblieben.

Greta überlegte, nahm ihren Wecker in die Hand und öffnete das Batteriefach. Mit den Fingernägeln hebelte sie die Batterie aus der Uhr. Sie drehte sie in der Hand und dachte: Einen Versuch ist es wert!

Greta rannte in die Küche. Da gab es eine Krims-Krams-Schublade – nicht Krams-Krims –, die voll war mit Krims-Krams, zum Beispiel Pflastern, Magneten, Stiften, Gummis, alten Einkaufszetteln und auch Batterien. Sie nahm sich eine volle Batterie und rannte wieder zurück zu ihrem Eulenwecker. Sie drückte die frische Batterie ins Batteriefach, schloss den Deckel und starrte auf den Sekundenzeiger.

Tick tack. Der Zeiger bewegte sich, der Wecker funktionierte wieder! Und als hätten sie nur darauf gewartet, zirpten draußen die Grillen weiter und der Klang des Glockenspiels wehte in ihr Zimmer. Der Bach hinterm Haus gurgelte wieder munter vor sich hin. Die Blätter raschelten leise in den Bäumen. Die Wolken zogen am Mond vorbei. Und kein Vogel hing mehr im Himmel fest. Greta legte sich beruhigt in ihr Bett und kuschelte sich ein. Da stand plötzlich Paul in ihrer Tür.

»Was ist denn?«, murmelte er schlaftrunken.

»Och, nichts«, antwortete Greta. »Die Welt ist nur kurz stehen geblieben, aber ich hab eine neue Batterie reingetan, und jetzt läuft wieder alles.«

»Das hast du gut gemacht«, gähnte Paul. »Darf ich bei dir bleiben?«

»Na, klar«, flüsterte Greta. Sie kuschelten sich unter die Decke und waren beide sofort eingeschlafen, während die Eulenuhr ganz zuverlässig weiter »tick tack« machte.

12

Einhörnchen

»Mama, was ist das?« Paul kam in Mamas Arbeitszimmer gerannt. Er hatte draußen im Garten etwas gefunden, das aussah wie ein längliches Schneckenhaus. Nur war es komplett weiß, und nicht rund, sondern ungefähr so lang und so dick wie Pauls Zeigefinger. Im Gegensatz zu einem Schneckenhaus, war das, was Paul gefunden hatte, nicht hohl, sondern ganz massiv. Es war gewunden wie eine Schraube, und das Ende war so spitz wie eine Stricknadel.

»Das wird ein Schneckenhaus sein«, meinte Mama.

»Aber erstens, Mama, wo soll denn die Schnecke rein? Hier ist nirgendwo ein Loch. Und zweitens: Warum sollte denn eine Schnecke einfach so ihr Haus liegen lassen?«

»Vielleicht ist die Miete zu hoch geworden und sie ist umgezogen. Oder sie hat Kinder bekommen und brauchte mehr Platz«, sagte Mama.

»Ha. Ha.« Paul fand es gar nicht lustig, wenn Mama auf eine ernste Frage von ihm mit einem Witz antwortete.

Er packte seinen Fund und ging wieder in den Garten. »Das ist niemals von einer Schnecke«, dachte er sich und beschloss, sich draußen auf die Lauer zu legen. Vielleicht konnte er herausfinden, wer solche Sachen im Garten verliert. Elstern vielleicht. Die suchen ja alles Mögliche, um es in ihre Nester zu tragen. Es wäre ja möglich, dass genau so ein Vogel im Garten zu Hause wäre. Dann würde Paul ihn sicher entdecken.

Er kletterte aufs Baumhaus und blieb ganz still. Er beobachtete und hörte aufmerksam zu. Er sah einige Vögel im Garten umherfliegen, aber keiner hatte etwas im Schnabel, das auch nur entfernt so aussah, wie das, was er gefunden hatte. Was konnte das nur sein? Es war kein Gehäuse, es war mehr ein Horn. Paul hatte mal Bilder gesehen von einem Narwal. Narwale sind ganz besondere Wale, denn sie haben Stoßzähne. Diese Stoßzähne sind nicht gebogen, wie die von Elefanten, sondern gerade. Und sie haben eine Windung wie eine lange Schraube. Meistens wächst ein solcher Stoßzahn durch die Oberlippe nach vorne, sodass man meint, der Narwal hätte ein Horn. Vielleicht hatte sich ein Baby-Narwal in den Garten verirrt. Oder es ist den kleinen Bach hinaufgeschwommen und hat da seinen Zahn verloren? Das hatte Paul auch schon mal gelesen: Manchmal verschwimmen sich Wale und Delfine und landen in irgendwelchen Flüssen. Aber dafür war der Bach hinterm Haus eigentlich nicht tief genug.

Paul wartete. Und wartete. Nichts passierte. Mal hörte er das Piepsen einer Maus, sonst zwitscherten nur die Vögel in den Bäumen. Die Sonne schien durch die Blätter und Paul wurde es ein bisschen langweilig. Er wollte gerade wieder vom Baumhaus klettern, als er in den Blättern etwas Weißes sah. Es bewegte sich so schnell, dass man es leicht aus den Augen verlieren konnte. Es war ein Eichhörnchen. Aber ein ganz besonderes Eichhörnchen. Es hatte die Größe eines normalen Eichhörnchens und auch der Schwanz war genauso buschig, nur war es komplett weiß! Paul zwang sich, nicht zu blinzeln, damit er das weiße Eichhörnchen nicht aus den Augen verlor. Denn noch etwas war besonders: Auf seiner Stirn hatte dieses Eichhörnchen ein kleines Horn. Und dieses Horn sah genauso aus, wie das, was Paul im Garten gefunden hatte und nun in seiner Hand hielt. Im Garten der Familie Sonnenberg gab es Eichhörnchen, die wie Einhörner ein Horn hatten.

Paul rannte zu Mama und konnte nur brüllen vor Aufregung: »Mama! Einhörner.«

»Ja«, sagte sie: »die Tiere in den Märchen.«

»Nein, in unserem Garten! Wir haben da kleine Einhörner, also Einhörnchen!«

»Paul, die Tiere heißen Eichhörnchen, nicht Einhörnchen.« Mama lächelte. Wie sollte sie wissen, dass Paul alles richtig sagte.

13

Scherzartikelüberraschung

Papa stellte einen großen Karton mit der Aufschrift »Scherzartikel« auf den Esszimmertisch. »Schaut mal, was ich gefunden habe. Eine Kiste voll mit Scherzartikeln. Wer traut sich, sie zu öffnen?«

»Was sind Scherzartikel?«, wollte Paul wissen.

»Das sind Sachen, mit denen man andere Leute reinlegen kann. Zum Beispiel ein Furzkissen. Das ist eigentlich nur ein Ballon mit einer besonderen Öffnung. Wenn man den aufbläst und unter einem Sitzkissen versteckt, muss man nur warten, bis sich jemand hinsetzt. Dann drückt derjenige die Luft aus dem Ballon – und das gibt dann ein Furzgeräusch.«

»Das kann man aber auch einfacher haben«, sagte Paul und furzte. »Siehst du?«

»Sag bloß, du kannst einfach so auf Kommando furzen?«, fragte Papa.

Paul pupste noch mal.

»Erstaunlich. Aber das Schöne an einem Furzkissen ist, dass die meisten Leute sehr darauf achten, nicht zu furzen, weil ihnen das nämlich peinlich ist. Und wenn die sich dann auf ein Furzkissen setzen und es so klingt, als ob sie gerade einen fahren lassen, dann ist das sehr lustig. Das ist ein Scherzartikel.«

»Aha.« Paul nickte und überlegte, ob er vielleicht in einen Ballon pupsen könnte, um daraus ein Furzkissen zu machen, das nicht nur so klingt wie ein

Furz, sondern auch so riecht. Das wäre dann ein wirklich toller Scherzartikel.

»Ein anderer Scherzartikel ist zum Beispiel ein Bonbon, das sehr lecker aussieht, das aber total nach Seife schmeckt.«

»Wie gemein«, sagte Greta.

»Oder das hier, das ist auch ein Scherzartikel.« Papa kramte aus der Nähschublade ein kleines, flaches Päckchen hervor, das aussah wie ein winziges Briefchen.

»Papa, das ist ein Näh-Set«, sagte Greta. Sie öffnete es, und zum Vorschein kamen ein paar Nadeln und jede Menge Nähgarn. »Damit kann man Knöpfe wieder annähen.«

»Ja, das denken die meisten«, erklärte Papa, »aber die besten Scherzartikel sind natürlich getarnt, damit nicht jeder sofort sieht, dass er gerade einen Scherzartikel in der Hand hält.«

»Und wie soll man damit jemanden reinlegen?«, fragte Greta. Paul hörte mit großen Ohren zu.

Papa nahm einen der vielen Fäden aus dem Briefchen heraus und steckte das Ende durch Pauls T-Shirt. Es sah so aus, als wäre der Faden vom T-Shirt selbst.

»Hast du eigentlich ein Unterhemd an, Paul?«, wollte Papa wissen.

»Nein«, sagte Paul.

»Sehr gut. Dann passt mal auf, ich sag euch, was ihr jetzt tun müsst.« Papa erklärte, Greta und Paul nickten. Und sie kicherten aus lauter Vorfreude. Dann gingen sie zu Mama.

»Na, ihr zwei, was treibt ihr so?«, wollte Mama wissen.

»Och, nichts«, sagte Greta. »Uns ist ein bisschen langweilig, und wir wollten nur mal schauen, was du so machst.«

Mama lächelte. Dann fiel ihr Blick auf einen kleinen Faden, der an Pauls T-Shirt hing. »Du hast da einen kleinen Faden hängen, Paul. Warte mal, ich zieh dir den kurz raus.«

Mama packte den Faden und zog daran. Und sie zog und zog. »Na, so was. Normalerweise sind die nicht so lang.« Sie zog immer weiter. Paul und Greta schauten interessiert zu. Mama hatte jetzt schon bestimmt zwei Meter Faden aus Pauls T-Shirt herausgezogen.

»Was machst du, Mama?« Paul versuchte, sich nichts anmerken zu lassen. »Bist du gleich fertig?«

Mama zog weiter am Faden. Und zog und zog und zog. Nach ungefähr zehn Metern hatte sie das Ende in der Hand. »Na, das war aber ein langer Faden«, sagte sie.

Paul zitterte mit der Unterlippe. Er hob sein T-Shirt hoch und sagte: »Du hast mein Unterhemd aufgeribbelt. Es ist nicht mehr da.«

Mama machte ganz große Augen und sagte nichts mehr. Sie schaute auf den Faden, den sie gerade herausgezogen hatte, und sie schaute auf Pauls nackten Bauch. Dann schlug sie sich die Hand vor den Mund und atmete laut hörbar ein. »Paul! Das tut mir so leid. Ich wusste gar nicht, dass das so schnell geht.«

Paul und Greta, die sich die ganze Zeit sehr anstrengen mussten, nicht loszulachen, konnten nicht mehr. Sie prusteten laut heraus und lachten so sehr, dass Mama gar nicht wusste, was los war.

»Wir haben dich total reingelegt«, riefen sie. »Papa hatte recht, diese Näh-Sets sind wirklich gut getarnte Scherzartikel.«

»Oh, ihr …«, Mama lachte jetzt auch.

»Hab ich da meinen Namen gehört?«, sagte Papa, der den Karton mit der Scherzartikel-Aufschrift unter dem Arm hatte. »Also, wer traut sich jetzt, diesen Karton aufzumachen?«

»Ich«, riefen Paul, Greta und Mama gleichzeitig und nahmen Papa den Karton ab. Als sie den Deckel öffneten und in den Karton schauten, machten sie vor Schreck einen kleinen Hüpfer. Aus dem Karton blickten ihnen nämlich drei Gesichter entgegen, die genauso aussahen wie sie.

»Na, das sieht nach sehr lustigen Scherzartikeln aus«, kicherte Papa und beugte sich über den Karton. »Ach, da ist ja der alte Spiegel, den ich schon so lange gesucht hab.«

14

Schäfchenzählen

Paul lag in seinem Bett und sollte schlafen. Konnte er aber nicht, denn obwohl es schon kurz nach neun war, war es draußen noch hell. Paul kniff seine Augen zu, aber das brachte überhaupt nichts. Er stand auf und ging in die Küche. Mama und Papa räumten auf, während Papa davon erzählte, dass er heute einen alten Schulfreund wiedergetroffen hatte.

»Was ist denn los, mein Kleiner?«, fragte Papa, als er Paul sah, der mit grimmigem Blick in der Tür stand.

»Warum soll ich schlafen, wenn es draußen noch hell ist?«

»Weil es schon spät ist und Kinder ihren Schlaf brauchen«, erklärte Mama.

»Aber draußen ist es noch hell. Ich kann nur schlafen, wenn es dunkel ist«, sagte Paul.

Greta kam dazu. »Ich finde, Paul hat recht. Es ist eine total blöde Idee, schlafen zu müssen, wenn es draußen noch hell ist und man gar nicht müde ist. Wer hat sich das nur ausgedacht.«

Mama und Papa schauten sich an. »Tja«, sagte Papa, während er nach guten Gründen suchte, warum Kinder schlafen mussten, obwohl es noch nicht dunkel war. »Da fällt mir ein – ich muss mal eben ganz dringend telefonieren.« Und er verschwand.

Mama seufzte.

»Ich kann euch noch was Warmes zu trinken machen, aber dann müsst ihr wirklich in eure Betten gehen.«

Greta und Paul waren erst mal zufrieden. Denn das gab ihnen ein bisschen mehr Zeit, aufzubleiben. Während Mama etwas Milch im Topf heiß machte und die Kinder am Küchentisch saßen und ihr zuschauten, kam Papa zurück.

»Ihr seid ja immer noch hier«, sagte er. »Ich kann euch nur eine Sache vorschlagen, die eigentlich immer sehr einschläfernd ist, weil sie echt müde macht.«

»Was denn?«, wollten Greta und Paul wissen.

»Schäfchen zählen«, sagte Papa.

Die Kinder stöhnten auf. Greta sagte: »Wir sind doch keine Babys mehr, Papa. Das ist total langweilig und bringt überhaupt nichts. Wie soll denn Schäfchenzählen müde machen? Erklär uns das mal.«

Papa sagte nichts. Er grinste nur.

»Also, deine Ideen waren auch schon mal besser«, sagte Mama zu Papa, goss die warme Milch in zwei Tassen und gab etwas Honig dazu. »Hier, bitte sehr, ihr beiden.«

»Danke, Mama«, sagten Greta und Paul. »Schäfchenzählen! So was Blödes«, sagten sie zu Papa.

Plötzlich klingelte es an der Tür. »Erwarten wir noch Besuch?«, fragte Papa erstaunt und stand auf, um die Tür zu öffnen.

Greta und Paul waren froh, dass sie noch nicht im Bett waren. Abends passierten immer die spannendsten Dinge, fanden sie. Wenn es plötzlich klingelte und Mama und Papa keine Gäste mehr erwarteten, wer konnte es dann sein?

»Vielleicht die Polizei«, flüsterte Greta zu Paul.

»Oder ein Drache«, gab Paul zurück.

Greta schüttelte den Kopf. »Warum sollte denn ein Drache bei uns klingeln?«

»Stimmt«, sagte Paul, »ein Drache würde die Tür eher eintreten oder mit Feuer speien und sich so Eintritt verschaffen.«

Greta schlug sich mit der Hand auf die Stirn. Kleine Brüder können manchmal echt anstrengend sein. Papa kam zurück in die Küche gerannt und rief: »Schnell, Kinder, ihr müsst euch anziehen. Wir gehen.«

»Wer ist es?«, rief Greta. »Ein Polizist?«

»Ein Drache?«, rief Paul.

»Ein Scherz?«, rief Mama.

»Weder noch«, sagte Papa, und gab den Blick frei auf den Mann, der ihm von der Haustür in die Küche gefolgt war. Der Mann war ungefähr so alt wie Papa. Er trug feste Schuhe, eine kurze Lederhose und ein weites Hemd. Er war braun gebrannt und hatte wilde Haare. Er machte den Eindruck, als würde er sehr viel Zeit draußen verbringen. »Darf ich vorstellen? Das ist Basti. Ein alter Schulfreund von mir. Er braucht unsere Hilfe.«

»Hallo, Basti«, begrüßten ihn die Sonnenbergs im Chor.

Basti nickte, lächelte und sagte: »Hallo, zusammen! Ich weiß, es ist spät, aber deshalb ist es umso wichtiger,

dass es schnell geht.« Er machte eine kleine dramatische Pause und blickte mit großen Augen und hochgezogenen Brauen zu Greta und Paul. Die saßen vor Spannung kerzengerade auf ihren Stühlen. »Und es klingt vielleicht ein bisschen seltsam, aber ich brauche Hilfe beim Schäfchenzählen.«

Stille. Für einen kurzen Moment. Dann löste sich die Spannung und alle lachten.

»Das hast du dir ja schön ausgedacht«, sagte Mama zu Papa.

Greta und Paul lehnten sich wieder entspannt zurück in ihre Stühle und nippten weiter an der Honigmilch.

Papa sagte ernst: »Hopp, hopp, hopp, ihr müsst euch anziehen. In fünf Minuten geht es los. Basti ist Schäfer und seine Schafe müssen heute noch durchgezählt werden.«

Greta und Paul schauten sich an, dann sprangen sie auf und hasteten in ihre Zimmer. Fünf Minuten später standen alle vor der Haustür und machten sich auf den Weg zur Wiese vor dem Wald. Je näher sie der Wiese kamen, desto deutlicher hörten sie ein Blöken. Da war tatsächlich eine große Schafherde.

Basti erklärte: »Alle Schafe müssen von der einen Seite zur anderen getrieben werden. Die Hunde helfen, aber die können natürlich nicht zählen. Deshalb bin ich froh, dass ihr heute hier seid. Meint ihr, wir schaffen das, bevor es dunkel wird?«

»Ja«, riefen Paul und Greta.

Basti machte ihnen vor, wie sie sich am besten in der Schafherde bewegten, und zeigte ihnen, wie sie die Schafe zur Seite drücken konnten, falls sie ihnen zu nah kamen. Dann gab er den Hunden das Kommando und die Schafe wurden von der einen Seite der Wiese zur anderen getrieben. In der Mitte standen Greta und Paul mit Mama und Papa und Basti und zählten jedes Schaf. Manchmal mussten sie zur Seite springen, manchmal mussten die Schafe in die richtige Richtung gelenkt werden. Jedes kleine Lamm wurde kurz gestreichelt.

»Die sind so süß«, sagten Greta und Paul. »Dürfen wir eins oder zwei oder vielleicht vier mit nach Hause nehmen?«

Mama und Papa lachten und schüttelten die Köpfe.

Nach einer Stunde Schäfchenzählen waren Greta und Paul fix und fertig. Basti bedankte sich für die großartige Hilfe und schenkte beiden ein kleines Kuscheltier aus Schafwolle. Und er schenkte ihnen einen Stein: »Den hab ich aus Island, wo ich meine Schäferausbildung gemacht hab. Das ist ein Elfenstein. Man munkelt, dass in diesen Steinen Elfen leben. Und ich hab das Gefühl, es würde der Elfe hier ganz gut gefallen, mal nicht immer so viel herumzureisen. Es würde mich sehr freuen, wenn ihr sie bei euch zu Hause aufnehmen würdet. Sie braucht nicht viel – ab und zu mal einen Teller Kekse und etwas Milch.«

Greta und Paul freuten sich über die Geschenke und verabschiedeten sich von Basti und seinen Schafen. Als sie wieder zu Hause waren, gingen sie schnurstracks ins Bett. Sie kuschelten sich mit ihren neuen Stoffschäfchen unter die Decke.

Greta fragte: »Papa, was sind Elfen?«

»Das erzähle ich dir ein anderes Mal«, antwortete Papa. Greta gähnte.

Und Paul sagte: »Schäfchenzählen ist ganz schön anstrengend. Das machen wir jetzt immer, wenn ich nicht schlafen kann.«

Greta und Paul machten die Augen zu, und obwohl es draußen immer noch nicht ganz dunkel war, waren sie sofort eingeschlafen.

15

Erdbebenerscheinung

Samstagmorgen. Im ganzen Haus war es ruhig und still. Mama und Papa schliefen noch. Sie waren am Abend vorher in einem neuen Restaurant zum Essen verabredet gewesen und erst spät nach Hause gekommen.

Greta und Paul waren schon lange wach. Sie saßen in der Küche und aßen Müsli, während Paul gleichzeitig ein Bild ausmalte und Greta ein Buch über riesige Wellen, Vulkanausbrüche und andere Naturkatastrophen las. Mausi, die Katze, lag auf der Fensterbank in der Morgensonne und schlief. Das Küchenfenster stand offen und von draußen drang das Gezwitscher der Vögel herein. Manchmal hörten sie das aufgeregte Schnalzen eines Einhörnchens.

Mausi öffnete die Augen und hob ihren Kopf – so als hätte sie etwas Ungewöhnliches bemerkt. Paul versuchte, ganz genau innerhalb der schwarzen Linien zu malen und fing auf einmal an, zu schimpfen: »Hey, pass mal auf. Nicht am Tisch wackeln!«

Greta sah von ihrem Buch hoch: »Ich hab gar nichts gemacht.«

Paul zeigte ihr sein Bild und wie er sich vermalt hatte. Es sah tatsächlich so aus, als hätte jemand am Tisch gewackelt. Plötzlich hörten sie ein tiefes Grummeln und Grollen. Es klang wie das Magenknurren eines Riesen. Der ganze Küchenboden vibrierte. »Was war das denn?«, fragten die Kinder gleichzeitig.

»Vielleicht war es ein Erdbeben«, sagte Greta.

»Nein«, meinte Paul, »es ist noch nicht die Zeit dafür.«

»Woher willst du denn wissen, wann die richtige Zeit dafür ist? Und wer sagt das überhaupt, dass es dafür eine richtige Zeit gibt?«

»Mama hat das gesagt«, erklärte Paul, »als wir einkaufen waren. Deshalb durfte ich keine mitnehmen.«

»Du wolltest Erdbeben mitnehmen?«, wunderte Greta sich. »Ich wusste gar nicht, dass man die im Supermarkt kaufen kann.«

»Sie schmecken am besten mit Sahne und Zucker«, sagte Paul.

Greta musste laut lachen. »Du meinst Erdbeeren! Erdbeeren kann man essen. Ich hab aber von Erdbeben gesprochen. Das ist, wenn die Erde fürchterlich hin- und herwackelt und Häuser einstür–«

In diesem Moment gab es ein noch tieferes Grummeln. Das ganze Haus wackelte. Mausi sprang auf und lief aus der Küche.

»Meinst du, das war wirklich ein Erdbeben?«, wollte Paul wissen. »Was machen wir denn jetzt?«

»Keine Angst. Hier in dem Buch steht genau drin, was wir machen müssen. Wir gehen raus auf die Straße und schauen erst mal, ob auch andere Leute das mitbekommen haben.«

Greta und Paul gingen nach draußen. Auf der Straße trafen sie Ole und Leo, die Zwillinge aus dem Nachbarhaus. Sie wurden durch das tiefe Geräusch auch aufgescheucht und wollten nachschauen, wo es herkam. »Habt ihr das auch gehört?«, fragten Ole und Leo.

»Ja, vielleicht ist es ein Erdbeben«, sagte Paul. »Bei uns hat der ganze Küchentisch gewackelt.«

»Gewackelt hat bei uns nichts«, erzählten die Zwillinge. Da kam es schon wieder – das tiefe Grummeln, das sich so anhörte, als käme es aus dem Bauch der Erde. Die Vögel in den Bäumen flogen gleichzeitig in die Luft. Einige Kaninchen hoppelten aufgeregt aus ihren Verstecken über den Rasen. Und in der Ferne jaulte ein Hund.

»Das klang gefährlich«, sagte Leo.

»Wir müssen sofort Mama und Papa wecken«, rief Greta. »Und ihr lauft zu allen anderen in der Straße. Wenn das ein Erdbeben ist, dann sind wir draußen viel sicherer als drinnen.«

Leo und Ole liefen los und klingelten alle Nachbarn aus den Häusern. Manche hatten die tiefen Geräusche auch schon mitbekommen. Die Menschen aus dem Erikaweg standen mitten auf der Straße und unterhielten sich und überlegten, ob sie gerade wirklich ein Erdbeben miterlebten. Herr Schnarrenberger trug noch seinen Schlafanzug. Und Frau Schäfer hatte Lockenwickler im Haar. Es war eine sehr bunte und lustig anzusehende Gesellschaft, die Leo und Ole nach draußen getrieben hatten. Dann kamen auch Greta und Paul dazu. Im Schlepptau hatten sie ihre Eltern, Papa in T-Shirt und Unterhose, Mama im Morgenmantel. Die beiden hatten so tief und fest geschlafen, dass sie von den Geräuschen und dem Zittern der Erde gar nichts mitbekommen hatten.

»Was machen wir denn jetzt hier?«, wollte Papa wissen.

Herr Schnarrenberger sagte sehr ernst: »Wir warten so lange, bis sich die Lage beruhigt hat. Sicher wird es im Radio bald die ersten Durchsagen geben, wie wir uns am besten zu verhalten haben.«

Papa verzog das Gesicht.

»Geht's dir nicht gut?«, fragte Mama.

»Doch, doch, aber ich glaube, das Essen von gestern liegt mir noch ein bisschen schwer im Bauch. Den ganzen Morgen schon.«

Wie zur Bestätigung fing Papas Bauch an, unglaublich zu grummeln. Es war ein richtiges Rumpeln, was da aus ihm herauskam. Alle Nachbarn und die Kinder und die Haustiere drehten sich erschrocken zu ihm hin. Es gab einen kurzen Moment der Stille, kein Vogel sang mehr. Papa kniff die Lippen zusammen, zog die Augenbrauen hoch, aber es half nichts: ein Riesenfurz, man kann es gar nicht anders beschreiben, bahnte sich seinen Weg aus Papas Bauch nach draußen. Es war ein tiefes Grummeln und Grollen, das immer lauter wurde, bis es so klang wie das Magenknurren eines Riesen. Haustiere verkrochen sich hinter ihren Besitzern, und ein Baby weinte, als Gretas Vater so laut und so lang furzte, dass sich Risse im Asphalt bildeten, weil die Straße so sehr vibrierte. Als Papa fertig war, nach einer gefühlten Ewigkeit, starrten ihn die Bewohner des Erikawegs mit offenen Mündern an und sagten kein Wort. Nur Ole und Leo klatschten vor Begeisterung in die Hände. Das war ein Riesenfurz, der in die Geschichte der Menschheit eingehen würde. Papa war es unglaublich peinlich, er hätte sich – wie sein Furz – am liebsten in Luft aufgelöst.

Als sich alle wieder gefasst hatten, sagte Herr Schnarrenberger: »Ja. Vielen Dank. Sie haben sehr zur Entspannung der Lage beigetragen. Ich denke, wir können dann jetzt auch alle wieder reingehen.«

Die Kinder lachten, und alle waren froh, dass das Erdbeben so ein gutes Ende genommen hatte. Außer vielleicht für Papa, den neuen Furzkönig, der sich ein paar Tage lang nicht mehr traute, rauszugehen.

16

Lieblingsladen

Seit einem Jahr hatte Greta einen neuen Lieblingsladen. Und es war nicht nur Gretas liebster Laden, auch alle anderen Kinder aus dem Erikaweg liebten ihn. Wenn Mama oder Papa in die Innenstadt zum Einkaufen fuhren, dann war die Antwort auf die Frage: »Möchtest du mitkommen?« immer: »Ja!«

»Darf ich Marie mitnehmen?«, fragte Greta.

»Klar«, antwortete Mama.

»Dürfen Leo und Ole auch mitkommen?«

»Äh –«, Mama rechnete nach, ob genug Platz im Auto war.

»Super, Danke, Mama!« Greta war sehr schnell im Kopfrechnen, manchmal sogar schneller als ihre Mama. Sie lief zum Telefon, rief ihre Freunde an, und flinker als Feuerwehrleute in ihren Einsatzwagen sitzen, standen Marie, Leo und Ole vor der Haustür der Sonnenbergs. Alle wussten: Wenn Eltern in der Stadt einkaufen gingen, konnten sie Zeit in ihrem Lieblingslieblingsladen verbringen.

Als Mama sich endlich ins Auto setzte, waren Greta, Marie, Ole und Leo schon längst drinnen. Sie warteten schon mindestens eine Viertelstunde im Wagen.

»Ich musste noch meinen Einkaufszettel fertig schreiben«, sagte Mama.

»Das macht nichts, Frau Sonnenberg«, sagten Leo und Ole gleichzeitig. »Wir warten gerne. Aber jetzt können Sie bitte auch losfahren.«

Gretas Mama gab Gas und fuhr los.

Als sie in der Innenstadt angekommen waren und im Parkhaus geparkt hatten – ganz oben auf der Etage »Madrid« – verabschiedete sich Gretas

Mama von den Kindern. »Wir treffen uns in eineinhalb Stunden wieder hier. Abgemacht?«

»Abgemacht!«, riefen sie und verschwanden. Den Weg zu ihrem Lieblingslieblingslieblingsladen kannten sie im Schlaf. Er lag in nächster Nähe zum Parkhaus und hieß: *Hänsel und Gretel*. Dieser Laden sah völlig anders aus als alle anderen Läden, die es sonst in der Gegend gab. Die Fassade war ganz besonders gestaltet – gar nicht wie ein normaler Laden, sondern wie ein Stückchen Wald mit einer kleinen windschiefen Hütte zwischen den Bäumen. Die Tür dieser Hütte war die Eingangstür zum Laden. Sie traten ein, das Glöckchen an der Tür klingelte und eine Katze miaute. Es grenzte schon fast an Zauberei: Von außen sah die Hütte winzig aus, von innen aber wirkte der Laden riesig.

»Guten Tag, Kinder«, brummelte die Stimme von Herrn Hänsel, dem Ladenbesitzer, hinter dem Verkaufstresen.

»Hallo, Herr Hänsel«, antworteten alle vier im Chor. Und Greta fragte: »Seit wann haben Sie denn eine Katze?«

»Och, die ist schon länger hier.«

Die Katze miaute noch einmal. Es klang ganz nah. Aber das Tier war nirgends zu sehen.

»Wo ist sie denn?«, wollte Marie wissen.

»Direkt da«, sagte Herr Hänsel und zeigte in ihre Richtung.

Sie sahen sich um, aber konnten keine Katze entdecken. Die Katze miaute noch einmal.

»Es ist eine unsichtbare Katze«, sagte Herr Hänsel. »Wir hatten Probleme. Mit unsichtbaren Mäusen.«

Die Kinder zogen die Augenbrauen hoch.

»Aber jetzt nicht mehr«, erklärte Herr Hänsel, »dank unserer unsichtbaren Katze.«

Marie stupste Greta an und zeigte auf ein Gerät, das in einem der Regale lag.

»Bewegungsmelder mit Lautsprecher!«, flüsterte sie ihr zu. Im Regal hatte sie eine Art kleines Radio entdeckt. Sobald sich irgendetwas vor dem Regal bewegte, merkte der Bewegungsmelder das, und das Gerät spielte das Miauen einer Katze ab.

»Unsichtbare Katzen sind wirklich großartig«, sagte Greta zu Herrn Hänsel. »Dürfen wir uns ein bisschen umschauen?«

»Aber natürlich. Wenn ihr bei irgendetwas Hilfe braucht, sagt Bescheid.« Und dann wandte er sich wieder den Büchern zu, die neben ihm an der Kasse lagen.

Direkt neben dem Eingang stand auf einer Säule

ein Korb mit Äpfeln. Am Korb klemmte ein Zettel, auf dem stand: »Äpfel. Halb und halb.«

»Entschuldigung, Herr Hänsel«, fragte Marie, »Was bedeutet ›halb und halb‹?«

»Das sind Schneewittchenäpfel. Die eine Hälfte ist genießbar, die andere vergiftet.«

Die Kinder raunten. Sie wussten nicht so richtig, ob sie Herrn Hänsel das glauben sollten. »Ist das Ihr Ernst?«, wollte Marie wissen.

Herr Hänsel sagte für einen Moment lang nichts. Dann: »Erwischt. Die eine Hälfte ist genießbar, die andere mit Zuckerguss überzogen – und schmeckt noch besser. Kostet ruhig – die kosten nichts. Mmh, das muss ich mir aufschreiben.«

Herr Hänsel nahm sich einen Stift, schrieb auf, was er gerade gesagt hatte und beachtete die Kinder nicht weiter. Greta, Marie, Ole und Leo wiederum beachteten die Äpfel nicht weiter, sie waren wegen etwas anderem hier. *Hänsel und Gretel* war nämlich der beste Süßigkeiten- und Schokoladenladen, den die Welt je gesehen hatte. Hier gab es wirklich alles, was das Herz begehrte: Weingummi in allen Formen und Geschmacksrichtungen von sehr süß bis so sauer, dass man am ganzen Körper Gänsehaut bekam. Es gab winzige Gummibohnen und riesige Gummibärchen, es gab Lakritze, Schokolade, Puffreis. Es gab Lakritze mit Schokolade überzogen, es gab Puffreis mit einem Weingummikern, es gab alle erdenklichen Süßigkeiten in allen erdenklichen Zusammenstellungen. Wenn man dachte, jetzt hätte man alles gesehen und etwas Neues könnte es gar nicht mehr geben, dann bog man um ein Regal und wurde mit einer weiteren neuartigen Kombination überrascht.

«So muss das Paradies sein«, dachte Greta, »genau wie dieser Laden hier.« *Hänsel und Gretel* war einfach märchenhaft.

17

Hexenhäuschenküche

Greta, Marie, Leo und Ole waren in ihrem Lieblingsgeschäft, dem Süßigkeitenladen *Hänsel und Gretel*. Sie nahmen sich je eine kleine Papiertüte, schlenderten an den Regalen entlang, und immer wenn sie etwas sahen, von dem sie dachten, das könnte ihnen schmecken, legten sie davon etwas in ihre Tüten. Es gab keinen Ort der Welt, an dem sie ihr Taschengeld lieber lassen würden.

Die Regale mit den Süßigkeitengläsern und den bunten Verpackungen waren wie ein Labyrinth, in dem es ständig Neues zu entdecken gab.

»Habt ihr das gesehen?«, fragte Greta und zeigte auf ein paar gelbe Kügelchen, die auf dem Boden zwischen zwei Regalen lagen.

»Ich probier mal«, sagte Ole, nahm eins der Kügelchen, steckte es sich in den Mund und – »mmmmmmmhhhhhh, köstlich!«

Die anderen probierten auch und waren begeistert. Die gelben Kügelchen bildeten auf dem Boden eine lange Reihe, die um eins der Regale führte. Ole sagte: »Das ist wie die Brotkrumenspur in dem Märchen von Hänsel und Gretel.«

Die Kinder folgten der Spur und aßen ein Kügelchen nach dem anderen. Sie fanden den Geschmack so toll, dass sie überhaupt nicht daran dachten, wohin denn diese Spur sie führen könnte. Sie gingen immer tiefer in den Wald – Verzeihung: in den Laden hinein. Sie entfernten sich immer mehr von den großen Schaufenstern. Zwischen den Regalen wurde es dunkler und dunkler und nur die gelben Kügelchen strahlten, und den Kindern schien es, als würden die Kügelchen leuchten. Dann kamen sie an ein Häuschen. Oder besser gesagt: Es war eine Tür zu einem Raum. Die

Wände und die Türen waren so bemalt, dass sie aussahen wie ein kleines Häuschen, das mitten im Wald stand. Auf der Tür war ein Schild angebracht, auf dem stand: »Hexenhäuschen«. Durch den Türspalt am Boden konnten die Kinder Lichtflackern sehen. Ein Zischen war hinter der Tür zu hören und ein Rauschen und Klimpern und Klappern. Sie blieben stehen und sahen sich an.

»Sollen wir da reingehen?«, fragte Greta.

»Hier ist kein Schild, auf dem ›Eintritt verboten‹ steht«, meinte Marie.

Ole und Leo sagten nichts, denn sie kauten immer noch auf den letzten gelben Kügelchen, die sie hier vor der Tür auf dem Boden gefunden hatten. Sie streckten beide nur den Daumen nach oben, was so viel bedeuten sollte wie: »Na klar gehen wir da rein. Mehr gelbe köstliche Kügelchen!«

Wenn man zu viert ist, fühlt man sich zum Glück gleich viel mutiger. Sie stellten sich in einer Reihe vor die Tür: Greta griff die Türklinke, hielt einen Moment inne und drückte sie dann herunter. Die Tür öffnete sich und kurz darauf wurden alle vier von Rauchschwaden eingehüllt. Buntes Lichterleuchten blendete sie für einen Moment, deshalb schlossen sie ihre Augen. Das Zischen, Rauschen und Klimpern und Klappern wurde lauter und gleichzeitig stieg ihnen ein köstlicher Geruch in die Nase, der so verführerisch war, dass sie lächeln mussten.

Als sie ihre Augen wieder öffneten, stand eine gruselige Figur mit einer riesigen Nase und ganz düsteren Augen direkt vor ihnen und sagte mit einer krächzenden Stimme: »Ja, bitte?«

Die Kinder erschraken so sehr, dass sie in Panik losschrien. Eigentlich wollten sie wegrennen, aber der Schreck war so groß, dass sie sich nicht bewegen konnten.

»Aaaahhh!«, schrie auch die Figur mit der krächzenden Stimme.

»Aaahhh!«, schrien die Kinder zurück.

»Keine Panik!«, sagte die Figur mit den dunklen Augen und der großen Nase. Dann räusperte sie sich und sprach auf einmal mit einer ganz normalen freundlichen Frauenstimme. »Alles in Ordnung, ich wollte euch nicht erschrecken.« Die Figur griff sich ans Gesicht und nahm eine

Maske und eine Schutzbrille ab. Der Rauch war längst verflogen und auch die Geräusche waren ruhiger geworden. Ein freundliches Gesicht lächelte die Kinder an, die sich ganz schnell wieder beruhigt hatten, aber immer noch ein bisschen zitterten.

»Mein Name ist Gretel«, sagte die Frau, »und das hier ist meine Küche. Herzlich willkommen. Ich probiere gerade ein paar neue Rezepte aus.«

»Mit Kindern?« Ole verzog das Gesicht. Ganz wohl fühlte er sich nicht, er hatte immer noch die Befürchtung, dass sie bei der Hexe aus dem Märchen gelandet waren.

»Natürlich nicht«, sagte Frau Gretel, »Kinder werden heutzutage nicht mehr gegessen. Die sind zwar sehr süß, aber ich nehme lieber Zucker.«

Ole war immer noch wie erstarrt, aber Leo, Greta und Marie mussten über den Witz von Frau Gretel lachen. Ole sah sich um, erkannte, dass alles in Ordnung war, und lachte auch.

»Wenn ihr wollt, kann ich euch zeigen, woran ich gerade arbeite. Ihr dürft auch probieren, es sind noch ganz geheime neue Süßigkeiten.«

Sie folgten Frau Gretel in ihre Küche und staunten über die vielen bunten Zutaten, die sie dort zu sehen bekamen. Frau Gretel erklärte, was sie machte und dass ein Großteil der leckeren Sachen, die es im Laden zu kaufen gab, von ihr und Herrn Hänsel selbst hergestellt wurden. Greta, Marie, Leo und Ole durften alles probieren. Manches war süß, es gab auch Salziges und Saures, aber alles war umwerfend köstlich. Die Kinder waren überglücklich, als sie sich verabschieden mussten.

»Fie fehen gar nifft auf fie eine Hekfe«, meinte Ole, und strahlte Frau Gretel mit vollen Mund an.

»Ja, sehr nett von dir, Ole, oder bist du Leo? Bei Zwillingen komme ich immer durcheinander«, sagte Frau Gretel. »Kommt mich gerne wieder besuchen.«

Frau Gretel brachte sie noch nach vorne in den Laden, wo sie bezahlen wollten. Aber Frau Gretel sagte zu Herrn Hänsel: »Das geht alles auf mich.« Und zu den Kindern gewandt: »Weil ich euch so erschreckt habe.«

Herr Hänsel lachte: »Ja, das macht sie bei mir auch immer.«

Und die Kinder riefen im Chor: »Vielen Dank, Frau Gretel und Herr Hänsel. Bis zum nächsten Mal!«

Dann liefen sie zu Gretas Mama, die im Parkhaus am Auto schon auf Greta und ihre Freunde wartete.

»Da seid ihr ja endlich. Wo wart ihr denn so lange?«

»Du glaubst es nicht, Mama! Wir waren bei Hänsel und Gretel. Und dann sind wir einer Bonbon-Spur gefolgt, bis zu einem Hexenhäuschen im Wald. Und die Hexe hat uns erst erschreckt, aber dann hat uns Frau Gretel ganz viele Süßigkeiten geschenkt. Und ich glaube, mir ist jetzt ein bisschen schlecht.« Greta strahlte vor Glück.

»Aha«, sagte Mama und drückte ihren Handrücken an Gretas Stirn, um zu fühlen, ob sie Fieber hätte. »Kein Zucker mehr für euch. Ihr fantasiert ja total!«

Dass sie alles genauso erlebt hatten, konnte sie ja nicht wissen.

18

Rundreiseschlaf

Greta lag in ihrem Bett und starrte auf die dunkle Wand. Um kurz vor acht hatte Mama ihr gute Nacht gesagt. Und jetzt, fünf Stunden später, war es – Greta schaute auf ihre Nachttischuhr – »Zehn nach acht? Das kann doch nicht wahr sein«, flüsterte sie, »ich hätte schwören können, dass ich schon viel länger nicht einschlafen kann.«

Sie warf sich auf die andere Seite und kniff die Augen zu. So feste, dass es laut in ihren Ohren rauschte. Zu laut, um einschlafen zu können. Sie rollte sich auf den Rücken. Unter der Decke war es viel zu warm, deshalb strampelte sie mit ihren Beinen die Decke ans Fußende. Aber jetzt war ihr zu kalt. Sie tastete nach ihrer Decke und zog sie sich wieder bis zum Hals. Zu warm. Sie drehte die Decke. Jetzt war die Temperatur genau richtig. Nicht zu warm und nicht zu kalt, und Greta wartete darauf, dass sie einschlief.

Es passierte nichts.

Greta lag in ihrem Bett und starrte auf die dunkle Wand. Die Lichter eines Autos, das auf der Straße vorbeifuhr, huschten über die Wand in ihrem Zimmer. Greta legte sich auf den Bauch, ihr Gesicht drückte sich ins Kissen, sodass sich ihre Nase zur Seite bog.

Sie überlegte, was wohl passieren würde, wenn sie so einschliefe. Ob ihre Nase dann am nächsten Morgen ganz nach links gebogen wäre? Ob sie dann so bleiben würde? Oder ob sie nach ein paar Minuten wieder nach vorne zeigen würde?

Manchmal, wenn Greta ihren Kopf auf ihren Arm legte und einschlief, wachte sie auf und hatte einen Ohr-Abdruck auf dem Arm. Das sah aus wie die großen versteinerten Schnecken, die sie einmal im Urlaub in Steinplatten gesehen hatten. Der Ohrabdruck blieb aber nie und verschwand nach kurzer Zeit. Wahrscheinlich wäre es mit der Nase genauso. Aber richtig sicher war sich Greta nicht. Und weil sie nicht wollte, dass ihre Nase für immer nach links zeigen würde – und es auf dem Bauch auch nicht richtig gemütlich war –, drehte sie sich wieder auf den Rücken.

Und dann auf die rechte Seite.

Und dann auf die linke Seite.

Dann ließ sie ihren Arm aus dem Bett baumeln und versuchte, den Boden zu berühren. Sie musste sich richtig strecken und mit dem Oberkörper ein bisschen weiter über den Bettrand rutschen. Noch mehr strecken – es waren nur noch ein paar Zentimeter. Noch ein bisschen den Oberkörper über den Bettrand schieben, strecken – und rumms, war sie aus dem Bett gefallen und landete auf dem Boden. Zum Glück lag ein Teppich vor ihrem Bett. Und zum Glück lagen ganz viele Stofftiere auf dem Teppich.

Greta war weich gefallen und dachte sich: »Wenn ich nicht im Bett einschlafen kann, dann vielleicht vorm Bett!« Sie griff nach ihrer Decke, kuschelte sich ein und …

Nichts. Sie konnte immer noch nicht einschlafen. Sie stand auf und dachte nach. »Also, wenn ich hier nicht einschlafen kann, dann muss ich vielleicht in ein anderes Zimmer gehen und es da probieren.«

Sie nahm sich ihre Decke, öffnete ihre Zimmertür und stellte sich in den Flur. Ganz leise konnte sie Musik hören und die Stimmen von Mama und Papa. Und dann fiel ihr auf, dass sie mal musste. Sie ging ins Badezimmer, setzte sich aufs Klo und schaute sich um.

Die Badewanne sah sehr gemütlich aus. Greta schaltete das Licht aus und kletterte mit ihrer Decke in die Wanne. »Ich darf jetzt bloß nicht an den Wasserhahn kommen«, dachte sie und legte sich hin.

Aber jedes Mal, wenn Greta sich umdrehte oder sich bewegte, blieb sie am Stöpsel hängen. Der störte Greta so sehr, dass sie auch in der Wanne nicht einschlafen konnte. Sie kletterte wieder heraus und überlegte: Was wäre denn ein gemütlicher Schlafplatz? Wo kann man sich gut in Decken kuscheln? Natürlich! Im großen Schrank, wo die Bettwäsche und die Decken aufbewahrt wurden.

Sie ging zum Schrank, öffnete die große Doppeltür und legte sich zu den weichen Decken. »So müssen sich Küken in ihrem Nest fühlen«, dachte Greta. Leider war der Schrank so klein, dass sie sich nicht ausstrecken konnte. Immer stieß sie mit dem Kopf und den Füßen von innen an die Schrankwände. Das war auch kein guter Schlafplatz.

Greta legte sich ins Bett ihrer Eltern. Das war sehr groß, aber auch sehr leer. Hier konnte sie auch nicht schlafen.

Sie kletterte auf den Dachboden. Es roch gut nach alten Sachen, aber der Staub kitzelte so sehr in ihrer Nase, dass sie vor lauter Niesen nicht einschlafen konnte.

Sie versuchte es auf der großen Fensterbank. Kein Schlaf.

Sie rollte sich im Flur vor der Haustür zusammen. Kein Schlaf.

Sie zählte Schäfchen in der Küche. Kein Schlaf.

Sie legte sich in jedes Zimmer, probierte jeden Schrank aus und zählte Knöpfe, Türklinken und Autolichter. Es half alles nichts.

Dann ging sie ins Wohnzimmer zu Mama und Papa.

»Was machst du denn noch hier? Du müsstest doch schon längst schlafen«, sagte Papa.

»Weißt du eigentlich, wie anstrengend es ist, wenn man nicht einschlafen kann? Ich hab es auf dem Boden in meinem Zimmer versucht. Ich hab mich in die Wanne gelegt. Ich war im Schrank. In eurem Bett. Auf dem Dachboden. Der Fensterbank. Vor der Haustür. In der Küche. Ich war überall. Und nirgends konnte ich schlafen.«

»Mensch, da hast du ja unser ganzes Haus erkundet. Jetzt bist du bestimmt sehr erschöpft. Hier, ich geb dir was zu trinken und dann bringe ich dich in dein Bett.«

Papa stand auf, gab Greta ein Glas Wasser und brachte sie hoch in ihr Zimmer. Dort deckte er sie zu und gab ihr einen Gute-Nacht-Kuss.

»Ich war echt überall«, Greta gähnte, »aber in meinem Bett ist es doch am schönsten!«

Papa lächelte, knipste das Licht aus und wollte ihr noch süße Träume wünschen – da war Greta schon eingeschlafen und atmete tief und zufrieden.

19

Brotteighaus

»Wollt ihr wirklich backen? Es soll total heiß werden. Und dann in der Küche vor dem Ofen zu stehen – ich weiß nicht.«

»Bitte, bitte, bitte, Mama«, riefen Greta und Paul. Es war Wochenende, und die Kinder waren schon früh wach gewesen. Paul hatte aus dem Kindergarten ein Rezept für Brot mitgebracht, und Greta und er wollten unbedingt ausprobieren, wie es schmeckte. »Das Rezept ist so leicht, Mama, das können wir auch alleine machen. Du brauchst überhaupt nicht dabei zu sein.«

Dagegen konnte Mama natürlich nichts sagen, außer: »Aber ihr müsst mir versprechen, dass ihr die Küche nicht ins Chaos versinken lasst und alles wieder aufräumt.«

»Das versprechen wir«, sagten Greta und Paul.

Mama lächelte und ließ die beiden allein in der Küche zurück. Greta und Paul stellten die Küchenwaage auf die Arbeitsfläche und suchten sich die Zutaten zusammen. »Wir brauchen Mehl, Hefe und Salz«, las Greta vor, »und eine große Schüssel.«

Paul brachte eine Müslischale.

»Nein, Paul, viel, viel größer.«

Paul öffnete alle Schränke, bis er die größte Schüssel gefunden hatte. Darin vermischten sie das Mehl und die Hefe und das Salz. Dann kam noch Wasser dazu. Es war ganz schön schwer, das alles mit einem Holzlöffel zu verrühren. Als Greta und Paul fertig waren, legten sie ein Küchentuch über den Teig.

»Der muss jetzt gehen«, sagte Greta.

»Nein«, rief Paul, »der soll hierbleiben. Ich will den doch essen, wenn er gebacken ist.«

»Du hast echt keine Ahnung. Der Teig muss jetzt hochgehen. Die Hefe macht jetzt ihre Arbeit, und dafür braucht der Teig Ruhe. Der wird richtig groß werden. Wart mal ab.«

»Und was machen wir in der Zwischenzeit?«, wollte Paul wissen.

»Aufräumen?« Greta zuckte mit ihren Schultern. In diesem Moment kam Mama in die Küche und fragte: »Ihr zwei, es soll heute so heiß werden, wollen wir nicht ins Freibad gehen?« Die Kinder waren begeistert. Im Nu waren die Schwimmsachen eingepackt, und Greta und Paul fuhren mit ihren Eltern los ins Freibad.

Der Teig blieb zu Hause. Ganz allein. Und die Hefe machte das, was sie immer machte, wenn sie mit Mehl und Wasser zusammenkam: Sie sorgte dafür, dass der Teig sich immer weiter aufblähte und größer wurde. Weil es so warm war, ging das sehr schnell. Und es nahm gar kein Ende. Nach zehn Minuten drückte der Brotteig schon gegen das Küchentuch, das über der Schüssel hing. Der Teig wuchs weiter und weiter. Er quoll über den Rand der Schüssel und sah aus wie ein riesiger Muffin. Die Hefe arbeitete unaufhörlich weiter. Der Teig schwappte auf die Arbeitsfläche und bedeckte die Schüssel so, dass man sie gar nicht mehr sehen konnte. Kurz darauf hatte der Teig den Küchenboden erreicht und hörte immer noch nicht auf, größer zu werden. Nach ungefähr einer Stunde war der Teig so groß geworden, dass niemand mehr die Küche betreten konnte: Der Brotteig füllte sie komplett aus! Er drückte gegen das Küchenfenster und kroch durch die Tür in den Hausflur. Aber das reichte dem Teig immer noch nicht. Er wuchs und wuchs und wuchs und wuchs und schon war das gesamte Haus der Sonnenbergs voll mit Brotteig.

Es war so ein heißer Tag, dass niemand auf die Straße ging. Deshalb konnte auch niemand sehen, wie der Teig von innen gegen alle Fenster drückte. Über dem Asphalt der Straße und den Platten des Bürgersteigs flimmerte die Luft. Sonst bewegte sich nichts. Im Haus der Sonnenbergs aber passierte etwas ganz Erstaunliches: Der Brotteig zischelte und brutzelte, er bildete eine Kruste und wurde fester. Er backte sich selbst in der Sonnenhitze dieses heißen Tages.

Als Greta, Paul, Papa und Mama abends von ihrem Ausflug ins Freibad zurückkamen, sahen sie von Weitem vor ihrem Haus eine kleine Gruppe von Nachbarn stehen. »Was ist denn hier los?«, fragte Papa.

Leo und Ole kamen zu Greta und den anderen Sonnenbergs gerannt und riefen: »Es ist etwas Unglaubliches passiert!«

Das sahen die Sonnenbergs nun auch: Ihr gesamtes Haus war ausgefüllt von einem riesigen, frisch gebackenen Laib Brot. Ein herrlicher Duft ging von ihrem Haus aus. Mit Mühe konnte Papa die Eingangstür öffnen. Eintreten aber konnten sie nicht, denn das Brot versperrte ihnen den Weg.

»Was machen wir denn jetzt?«, fragte Mama.

Da rissen sich Greta und Paul schon Stücke vom frischen Brot ab.

Papa sah zu und sagte: »Tja, dann machen wir wohl heute ein kleines Grillfest. Genug Brot haben wir ja.«

Die Nachbarn holten ihre Grills und Kohle, jeder brachte Salat und Würstchen mit. Die Tische wurden gedeckt und alle möglichen Leckereien aufgetragen. Und dann feierten die Bewohner des Erikawegs ganz spontan ein Sommerfest. Immer wenn die Brotkörbe auf den Tischen leer waren, ging einer in das Haus der Sonnenbergs und holte Nachschub. So feierten sie, bis das ganze Brot aufgefuttert war.

Und Paul sagte: »Das war total lecker. Und nächstes Wochenende machen wir Kuchenteig, ja?«

Alle Nachbarn lachten, nur Mama und Papa schauten sich etwas verunsichert an.

20

Blinzelchampion

»Aber ich bin überhaupt nicht müde«, sagte Paul, als Papa ihn ins Bett bringen wollte. »Schau mal, ich kann meine Augen total lange auflassen, ohne dass ich blinzeln muss.« Er riss seine Augen auf und starrte Papa an. Ohne zu blinzeln.

Papa wartete ein paar Atemzüge und fragte Paul: »Wusstest du, dass ich mal einen Freund hatte, der so geschlafen hat?«

Paul lachte und musste blinzeln. »Das stimmt doch gar nicht, Papa! Jeder Mensch macht die Augen zu, wenn er schläft.«

»Ja, normalerweise schon. Aber dieser Freund von mir war ja auch nicht ganz normal. Er hat ständig alle Leute auf den Arm genommen.«

»Der muss echt stark gewesen sein. Du stöhnst ja schon, wenn du mich tragen sollst«, sagte Paul.

»Überhaupt nicht. Ich trage dich total gern! Nein, mit ›auf den Arm nehmen‹ meine ich nicht, dass er jeden hochgehoben hat, sondern dass er Scherze mit allen Leuten gemacht hat. Und natürlich hat er nicht mit offenen Augen geschlafen. Aber wenn er zum Beispiel mit dem Zug gefahren ist und sich jemand neben ihn gesetzt hat, dann sagte er ganz freundlich zu seinem neuen Sitznachbarn: ›Entschuldigen Sie bitte, es kann sein, dass ich gleich einschlafe. Wenn ich schlafe, dann mache ich das mit offenen Augen, und es sieht aus, als wäre etwas Schlimmes passiert. Ich wollte Ihnen nur sagen, dass alles in Ordnung ist und Sie keine Hilfe holen müssen.‹«

»Und dann?«, wollte Paul wissen.

»Er ließ ein bisschen Zeit vergehen und setzte sich dann so hin, wie man es macht, wenn man einschläft. Er kuschelte sich ein wenig in den Sitz und drehte sein Gesicht so, dass sein Sitznachbar es sehen konnte. Dann fing er an, tief zu atmen. Als würde er schlafen. Allerdings machte er das mit weit geöffneten Augen – und starrte die Person an, die neben ihm saß. Die fand das meistens ziemlich unangenehm und versuchte, meinen Freund nicht zu beachten. Das Schwierige für ihn war natürlich, nicht laut loszulachen.«

»Ja, das kenn ich«, sagte Paul, »wenn ich mit Greta ›Wer zuerst lacht‹ spiele und wir uns in die Augen sehen und ganz ernst bleiben müssen, dann ist das auch total schwer. Ich verlier meistens.«

»Und jetzt stell dir mal vor, du machst das mit jemandem, den du überhaupt nicht kennst und der nicht einmal weiß, dass ihr dieses Spiel spielt, weil er denkt, du würdest schlafen.«

Paul schnalzte mit der Zunge vor Anerkennung.

Papa erzählte weiter: »Auf jeden Fall fand mein Freund das immer total lustig. Manchmal trieb er es sogar noch weiter. Dann öffnete er auch leicht den Mund und ließ einen Spuckefaden aus seinem Mundwinkel nach unten tropfen.«

»Ihh!«, rief Paul. »Aber ich sabber auch manchmal, wenn ich schlafe.«

»Ja, ich weiß.« Papa nickte. »Vor allem, wenn du auf meinem Arm einschläfst.« Er grinste. Und dann erzählte er weiter: »Nach ein paar Minuten ›wachte‹ mein Freund wieder auf, reckte sich und streckte sich und tat so, als sei nichts passiert.«

»Woher weißt du das alles, Papa?«, wollte Paul wissen. »Und wie heißt dieser Freund von dir eigentlich?«

Papa grinste, ließ seinen Kopf auf die linke Schulter fallen, riss die Augen auf und sagte kein Wort mehr.

»Papa?«

Papa öffnete leicht den Mund und ließ einen dünnen Spuckefaden herauslaufen.

Paul kreischte vor Vergnügen, boxte Papa in die Seite und fing an, ihn zu kitzeln. Papa musste laut lachen und tat so, als würde er wieder aufwachen. »Ah, es geht doch nichts über ein kleines Schläfchen!«

»Du warst das im Zug, der mit offenen Augen so getan hat, als würde er schlafen!«

»Erwischt!«, sagte Papa.

»Na, wenn du alle so auf den Arm nimmst, dann kannst du das bei mir jetzt auch machen und mich in mein Bett tragen«, sagte Paul.

»Ausnahmsweise!« Papa nahm Paul hoch, rief »Hier ist der stärkste Mann der Welt« und trug ihn in sein Zimmer. Paul rührte sich nicht mehr, als Papa ihn ins Bett legte, sondern starrte ihn mit offenen Augen an. Er schnarchte leise vor sich hin und ließ ein wenig Spucke aus seinem leicht geöffnetem Mund laufen.

»Na, dann schlaf gut, mein Kleiner«, sagte Papa.

»Du auch, Papa!«, flüsterte Paul.

21

Sandsturmhaufen

In den Nachrichten lief der Wetterbericht. Für den nächsten Tag wurde Sahararegen vorhergesagt.

»Warum regnet der Sahararegen nicht in der Sahara?«, fragte Paul.

»Weil die Sahara eine Wüste ist«, antwortete Greta. »In Wüsten regnet es nie.«

»Deshalb sollte es am besten genau dort regnen. Das würde der Sahara bestimmt ganz guttun«, sagte Paul.

»Nein, du Dummer, denn dann wäre die Sahara ja keine Wüste mehr. Stell dir vor, ich würde dir sagen, du bist kein Sonnenberg. Wie würdest du dich dann fühlen.«

Pauls Unterlippe begann zu zittern. »Was ist los, Paul?«, fragte Mama. Sie kam gerade erst ins Zimmer. »Streitet ihr euch?«

»Nein«, antwortete Greta.

»Greta hat gesagt, ich bin adoptiert.« Paul schluchzte.

»Hab ich gar nicht«, sagte Greta.

Mama rollte mit den Augen. »Paul, du bist nicht adoptiert. Greta, was erzählst du denn?«

Nachdem Greta erklärte, worüber sie sich mit ihrem Bruder unterhalten hatte, sagte Mama: »Also, das mit dem Sahararegen bedeutet eigentlich nur, dass feiner Sand aus der Wüste vom Wind bis hierhin getragen wird. Durch die Luft. Den ganzen weiten Weg. Und wenn der Saharastaub dann bei uns angekommen ist, kann es Regen geben. So wie morgen, dann kommt der ganze Sand mit dem Regen runter. Und wenn das Wasser danach weggetrocknet ist, bleibt nur der Sand aus der Sahara übrig.«

Greta und Paul hörten mit großen Augen zu. Sie konnten es fast nicht glauben, dass das möglich sein sollte – Sand, der von der Sahara bis zu ihnen durch die Luft fliegt.

»Meistens sieht man das nur als eine extra Schicht Dreck auf den Autos. Das ist nicht so aufregend«, sagte Mama.

Aber das hörten die beiden schon nicht mehr. Paul rief: »Wir müssen das Sandspielzeug zusammensuchen, Schaufeln und Förmchen.« In Gedanken sah er schon einen weiten Sandstrand vor ihrer Haustür.

Greta stöhnte: »Nein, wir brauchen Schutzkleidung, damit wir morgen gut durch den Sand kommen. Was tragen die Menschen, die in der Sahara leben? Weite Gewänder. Die halten den Sand am besten ab. Mama, dürfen wir die Bettlaken und Tischtücher haben?«

»Ähm …« Mama war kurz etwas sprachlos. Aber weil sie genau wusste, dass Greta und Paul nicht lockerlassen würden, sagte sie: »Ja, dürft ihr. Aber nur die alten Sachen.«

Greta und Paul liefen zum Schrank mit den Bettlaken und den Tischtüchern. »Welche sind denn die alten?«, wollte Paul wissen. »Die sehen alle nicht sehr modern aus.«

Mama kam dazu und half ihnen. Greta und Paul wickelten sich in Stoff und trugen die Laken wie weite Wüstengewänder. Um die Köpfe wickelten sie sich Kopfkissenbezüge. Nur ihre Augen schauten raus.

»Wfo iwft dawf kenau riftif«, freute sich Greta.

»Hä?«, fragte Paul.

Greta zog sich den Kopfkissenbezug vom Mund. »So ist das genau richtig, sagte ich.«

»Na, dann kann der Sahararegen ja kommen«, sagte Mama. »Und ihr müsst jetzt ins Bett. Es ist schon spät.«

In der Nacht, während alle schliefen, kam der Sand aus der Sahara. Und was für ein Sturm das war. Der Regen prasselte laut gegen die Fenster. Paul schlief tief und fest wie ein Stein. Greta dagegen wachte mitten in der Nacht von dem Lärm auf. Zuerst wusste sie nicht so genau, was los war. Aber dann sah sie die Tischtücher und Bettlaken neben ihrem Bett auf dem Boden und erinnerte sich: »Ach, das ist der Sahararegen. Dann ist ja alles in Ordnung.« Sie gähnte und schlief weiter.

Am nächsten Morgen rannte Paul in Gretas Zimmer und rief: »Die Sahara ist hier. Ich hab die Augen aufgemacht – nichts als Sand.«

»Paul! Du hast jeden Morgen Sand im Auge. Das sind Augenpopel«, sagte Greta und konnte noch gar nicht ihre Augen öffnen.

»Nein, wirklich. Du musst raussehen! Überall ist Sand. Ich zieh mir sofort die Laken an.« Und Paul verschwand in sein Zimmer.

Greta lag in ihrem Bett, öffnete die Augen und schaute nach draußen. Der Himmel hatte keine morgenblaue Farbe, er war rotorange. Greta zwinkerte ein paarmal, dann ließ sie ihren Blick wandern. Alles, was sie aus ihrem Fenster sehen konnte, hatte diese Farbe. Sie setzte sich hin und rieb sich die Augen. Die Farbe blieb. Sie schaute genauer in den Garten.

»Das gibt's nicht!«, rief sie.

Der komplette Garten war voller Sand. Und nicht nur eine dünne Schicht Sand, die gerade mal eben so das Gras bedeckte. Nein, der Garten sah aus, als hätte jemand über Nacht mehrere Lasterladungen Sand ausgekippt. Sie sprang auf, wickelte sich in die Tischdecke und die Bettbezüge ein und lief zu Mama und Papa. »Ihr müsst aufwachen! So was habt ihr noch nicht gesehen!«

Papa sprang auf: »Was, was, was, was?« Das machte er immer, wenn er nicht wusste, was passiert war. Und wenn er aus dem Schlaf gerissen wurde.

»Es gab einen Saharasturm. Und wir sind eingesandet«, erklärte Greta.

»Wer ist Sarah?«, fragte Papa. »Ist nicht Wochenende?«

Aber Greta konnte nicht antworten, weil sie schon längst zur Haustür rannte. Dort traf sie auf Paul, der Schaufel, Eimer und Sandförmchen trug.

»Bereit?«, fragte Greta.

»Bereit«, sagte Paul.

Und dann öffneten sie die Haustür. Der Wind wehte ihnen entgegen und eine kleine Sanddüne schwappte von draußen in den Flur. Paul und Greta wollten rausgehen, aber sie kamen nicht weit, denn der Sand türmte sich vor ihnen auf.

»Hier«, sagte Paul und drückte seiner Schwester den kleinen Eimer in die Hand. »Wir buddeln uns einen Weg. Du mit dem Eimer und ich mit der Schaufel.« Nach kurzer Zeit standen beide auf der Straße und konnten sehen, was in der Nacht passiert war. Der ganze Erikaweg mitsamt den Häusern und Gärten hatte sich in eine riesige Sanddüne verwandelt. Der Sand war teilweise so hoch, dass er bis zu den Dachgiebeln der Häuser reichte.

»Das sieht ja aus wie auf den Bildern von den Pyramiden in Ägypten«, sagte Greta.

»Toll!« Paul war begeistert. Die Häuser waren so von Sand umgeben, dass teilweise nur die Dächer rausschauten und die ganze Nachbarschaft tatsächlich aussah wie eine Ansammlung von kleinen Pyramiden in der Wüste. Da bewegte sich plötzlich etwas. Eine Gestalt, die eingewickelt war in weiße Stoffstreifen, die aussahen wie Verbände, kroch durch den Sand und stöhnte.

»Mumienalarm!«, rief Greta und Paul schrie vor Begeisterung. Er hatte noch nie eine richtige Mumie gesehen. Schon gar keine, die sich bewegte. Und diese hier bewegte sich immer weiter auf die beiden zu. Die Mumie

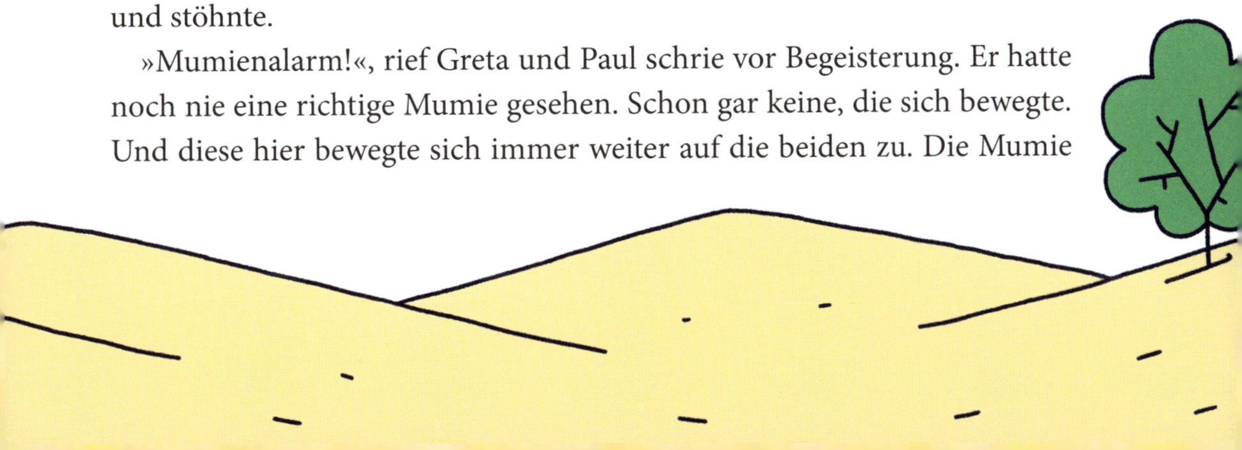

hatte die Arme tastend nach vorne ausgestreckt und stolperte durch den Sand.

»Ist die gefährlich?«, wollte Paul wissen. Da hatte die Mumie sie schon erreicht.

»Ist das ein Wetter«, sagte sie zu Greta und Paul – und nahm sich die Bandagen vom Gesicht. Es war Gretas Freundin Marie. Greta und Paul atmeten erleichtert auf. »Ich hab mir aus dem Verbandskasten schnell was ums Gesicht gewickelt. Hab ich mal in einem Film über Ägypten gesehen. Aber irgendwie ist das nicht so praktisch.«

Die Kinder staunten über die riesigen Sandhügel. Ole, Leo, Anton und Lilo kamen auch dazu. Herr Schnarrenberger streckte kurz mal seinen Kopf aus dem Fenster, sah, was draußen los war, und verzog sich wieder.

»Herr Schnarrenberger sah ganz schön zerknirscht aus«, sagte Anton.

»So wie immer eigentlich«, meinte Lilo, »nur dieses Mal hat er wahrscheinlich Sand zwischen die Zähne bekommen und endlich mal allen Grund dazu, so zu gucken.«

Die Kinder lachten und fingen an, im Sand zu spielen. Sie kletterten auf den größten Sandhaufen und konnten über die Dächer der Häuser bis zum Wald sehen. Es war ein toller Anblick, wie sich der Sand bis zum Wald ausbreitete und dann langsam in das Grün der Blätter überging.

»Das sieht aus wie im Winter. Nur dass es nicht Schnee ist, sondern Sand«, sagte Marie.

Kaum hatte sie das gesagt, schauten sich die anderen Kinder an – alle hatten gleichzeitig dieselbe Idee. Sie liefen die Sanddüne herunter, jedes Kind zu seinem eigenen Haus. Marie stand auf einmal ganz allein oben auf dem Hügel und wusste noch gar nicht, was los war, da kamen Leo und Ole und Greta und Paul und Anton und Lilo schon wieder zurück. Jeder hatte einen Schlitten dabei. Nur nicht Greta. Die hatte zwei.

»Ich hab auch einen für dich mitgebracht«, sagte sie zu Marie.

Und dann fuhren die Kinder aus dem Erikaweg den ganzen Tag Schlitten – mitten im Sommer auf den Sanddünen, die der Wind von der Sahara hierher getragen hatte.

22

Marathonzähneputzen

»Du glaubst nicht, was gerade passiert ist«, sagte Papa zu Mama, als er morgens in die Küche kam. »Als ich Greta wecken wollte, war ihr Bett leer. Sie stand schon fertig angezogen im Badezimmer und putzte sich die Zähne.«

Das war etwas sehr Besonderes, denn Greta gehörte ganz eindeutig zu den Eulen. Nein, das war nicht der Name ihrer Klasse in der Schule. So werden Menschen genannt, die lieber lange schlafen und dafür auch gerne später ins Bett gehen. Genau wie Greta.

»Erstaunlich«, sagte Mama, »meinst du, sie ist krank?«

»Überhaupt nicht, ich hab sie noch nie so fit gesehen«, sagte Papa. »Und als ich sie fragte, seit wann sie schon wach sei, schaute sie auf die Uhr und meinte: ›So seit eineinhalb Stunden.‹«

»Es geschehen noch Zeichen und Wunder«, sagte Mama.

Paul kam in die Küche und bekam eine Schale Müsli. Mama und Papa tranken Kaffee, überflogen die Nachrichten in der Zeitung und kümmerten sich um die Pausenbrote. Als Paul mit seinem Frühstück fertig war, fragte er: »Was ist denn mit Greta? Hat die verschlafen?«

»Äh, das ist komisch. Eigentlich nicht. Sie war doch eben schon wach und hat sich die Zähne geputzt. Ob sie sich wieder hingelegt hat? Ich geh mal schauen.« Papa ging in Gretas Zimmer, aber da war sie nicht. Er horchte und ging ins Badezimmer, wo Greta immer noch am Waschbecken stand und sich die Zähne putzte.

»Greta, willst du nicht mal frühstücken kommen? Du hast doch eben schon deine Zähne geputzt.«

Greta schaute auf ihre Uhr und schüttelte den Kopf so sehr, dass der Zahnpastaschaum durchs Badezimmer flog und Papa mitten im Gesicht traf.

»Na, vielen Dank«, sagte Papa und wischte sich den Schaum von der Nase, »das war wohl ein ›Nein‹.«

Greta antwortete mit vollem Mund: »Iff muff noch fehn Minuten putfen, dann bin iff durf.«

Papa zog eine Augenbraue hoch, weil er nicht ganz verstand, warum Greta sich noch zehn Minuten lang die Zähne putzen wollte. Aber er sagte nichts, sondern ging wieder zurück in die Küche.

»Und? Was ist mit ihr?«, fragte Mama.

»Vielleicht ist sie doch krank«, antwortete Papa. »Sie putzt sich immer noch die Zähne. Und sie meint, sie muss noch zehn Minuten putzen. Dann sei sie durch.«

»Ich find das ganz schön, dass sie so gründlich ist und auf Hygiene und Sauberkeit achtet. Das würde anderen Mitgliedern unserer Familie auch mal guttun«, sagte Mama und schaute zu Paul, der gerade Mausi, die Katze, auf seinen Schoß gehoben hatte und streichelte. Am Frühstückstisch.

Paul bemerkte Mamas Blick. »Mausi ist doch total sauber. Sie putzt sich ständig.«

»Mausi meinte ich gar nicht. Ich meinte dich, mein Herz«, sagte Mama. »Du kannst dir Mausi gern zum Vorbild nehmen.«

»Mach ich, Mama.« Dann setzte Paul Mausi auf den Boden, nahm seine Müslischale, leckte sie mit der Zunge sauber und stellte sie zurück in den Schrank. »Siehst du?«

»Oh, du frecher Bengel!«, rief Mama.« Sie jagte Paul aus der Küche. In diesem Moment kam Greta. Sie hatte strahlend sauber geputzte Zähne. Und sie grinste die ganze Zeit so, dass es jeder sehen musste.

»Warum bist du denn so gut gelaunt?«, wollte Papa wissen.

Greta antwortete: »Ich hab mir gerade« – sie schaute auf die Uhr – »ich bin um Viertel vor fünf aufgestanden und hab mir bis gerade eben zwei Stunden lang die Zähne geputzt.«

»Greta, das ist toll, aber ich glaube, du hast da ein bisschen was durcheinandergebracht. Nicht zwei Stunden, sondern zwei Minuten lang sollte man die Zähne putzen«, sagte Papa.

»Das weiß ich doch. Ich habe ausgerechnet, dass wenn ich morgens und abends zwei Minuten lang die Zähne putze, dann sind das vier Minuten am Tag. Eine Woche hat sieben Tage, also putze ich in einer Woche 28 Minuten die Zähne – das ist fast eine halbe Stunde. In zwei Wochen putze ich also eine Stunde lang die Zähne. Und in vier Wochen zwei Stunden«, rechnete Greta vor.

»Ja, und?«, fragte Papa.

»Ich habe mir heute morgen zwei Stunden lang die Zähne geputzt. Im Voraus. Damit ich sie mir die nächsten vier Wochen nicht mehr putzen muss.« Greta grinste. Ihr Vater schaute sie an, als hätte er nicht ganz verstanden, was sie gerade gesagt hatte.

»Äh«, warf Papa ein. Kam aber nicht weiter.

Greta steckte ihr Pausenbrot in die Tasche, verabschiedete sich von ihren Eltern und sagte im Rausgehen: »Ich liebe rechnen.«

23

Schnarrenstimme

Paul zielte, nahm Anlauf, dann trat er den Ball mit voller Wucht in Richtung Tor. Der Ball flog in hohem Bogen über den Zaun, auf das Grundstück von Herrn Schnarrenberger.

»Oh, nein!« Ole und Leo stöhnten.

»Oh, nein«, sagte Paul.

Und auch Greta, Lilo, Anton und Marie riefen: »Oh, nein.«

»Das passiert, wenn man seinen kleinen Bruder mitspielen lässt«, zischelte Greta und hielt sich dabei die Hand an die Stirn.

Gerade war es so richtig spannend geworden: Es stand fünf zu vier – und jetzt war der Ball weg.

»Haben wir einen Ersatzball?«, wollte Paul wissen. »Wir können auch eine leere Dose benutzen. Oder den Stein hier. Der ist doch schön«, schlug er vor.

Keiner sagte was. Alle starrten nur auf die Mauer von Herrn Schnarrenbergers Grundstück. Die Mauer, die zwischen ihnen und ihrem Ball stand. Die Mauer, die sie vor Herrn Schnarrenberger schützte. Er war der älteste Bewohner im Erikaweg.

»Der ist mindestens dreihundert Jahre alt«, raunten sich die Kinder zu, wenn sie ihm auf der Straße begegneten.

Er war ungefähr so alt, wie er griesgrämig war. Wenn jemand die Kinder anmotzte, weil sie zu laut spielten oder weil sie zu leise grüßten oder weil sie einfach nur Kinder waren, dann war das Herr Schnarrenberger. Bälle, die über die Mauer auf sein Grundstück flogen, waren für immer verloren. Herr Schnarrenberger sammelte sie ein und gab sie nie zurück.

»Wir müssen den Ball holen«, sagte Greta. »Paul, du bist der Kleinste. Dich sieht man am wenigsten. Außerdem hast du ihn rübergeschossen.«

Paul wusste natürlich, dass Greta recht hatte. Aber er hatte Angst davor, dass Herr Schnarrenberger ihn erwischte, ihn mitsamt dem Fußball zu den anderen verlorenen Bällen steckte und er nie wieder mit seinen Freunden spielen könnte. Paul stand da wie eine Statue. Er überlegte. Dann sagte er: »Ich will aber nicht alleine.«

Das konnten die anderen gut verstehen. »In Ordnung«, sagte Greta. »Leo, Ole, Marie und ich kommen mit. Anton und Lilo bleiben hier und passen auf.«

»Wir beobachten das Haus vom Schnarrenberger. Wenn er rauskommen sollte, dann lenken wir ihn ab, bis ihr in Sicherheit seid«, schlug Anton vor.

»Ich mache meinen Uhu-Ruf, wenn ihr den hört, müsst ihr so schnell wie möglich zurückkommen«, sagte Lilo.

Paul nickte. Er ging zum Grundstück von Herrn Schnarrenberger, Greta, Marie, Leo und Ole blieben dicht hinter ihm. Paul schaute nach links und rechts, er blickte sich um zu seinen Freunden und vergewisserte sich, dass Herr Schnarrenberger nicht an einem der Fenster stand. Aber niemand war zu sehen. Paul atmete einmal tief ein, und dann rannten sie los und verschwanden hinter der Mauer.

Das Schnarrenberger-Grundstück war das größte Grundstück im ganzen Erikaweg. Es gab keine direkten Nachbarn, weil das Haus vom alten Schnarrenberger auf der einen Seite von einer Wiese umgeben war und auf der anderen Seite von einer Art riesiger Werkstatthalle. Vielleicht war es auch eine Lagerhalle. So genau wusste das niemand, denn es war noch keinem gelungen, jemals einen Blick hineinzuwerfen.

»Da sind wahrscheinlich alle unsere Bälle drin«, hatte Anton einmal gesagt.

Hinter diesen beiden Häusern gab es einen kleinen Fluss, in dem man prima spielen konnte, wenn man durch den Wald ans Wasser ging. Denn über das Grundstück von Herrn Schnarrenberger zum Fluss zu gehen, traute sich niemand.

Für Paul war es das erste Mal, dass er hinter der Mauer war. Er schaute sich um, immer auf der Hut vor dem alten Schnarrenberger. Paul war sehr froh, dass er nicht alleine war. Und er war sehr froh, dass Herr Schnarrenberger keinen Hund hatte. Der hätte sie bestimmt schon längst entdeckt.

»Hunde können Angst sehr gut riechen. Und ich glaube, ich habe gerade richtig viel Angst«, flüsterte Paul. Er wollte unbedingt den Ball finden. So schnell wie möglich, damit sie rasch von hier verschwinden könnten. Sie schlichen weiter, immer an der Mauer entlang, durch die Büsche und vorbei an kleinen und großen Bäumen und Sträuchern. Herr Schnarrenbergers Garten war sehr wild, alles wuchs durcheinander. Irgendwie gefiel Paul das. »Solange er uns nicht erwischt, ist alles in Ordnung«, sagte er sich. Sie schlichen weiter durch den Garten und kamen immer näher an das Haus von Herrn Schnarrenberger. Ein Fenster stand offen. Und obwohl Paul wusste, dass jeden Moment Herr Schnarrenberger am Fenster auftauchen und ihn entdecken könnte, stellte er sich auf die Zehenspitzen und lugte durch die Öffnung.

»Gleich hab ich euch«, krächzte auf einmal eine fürchterlich schnarrende Stimme.

Paul und seine Freunde erschraken so sehr, dass sie

kurz aufschreien mussten. Sie stolperten rückwärts vom Fenster weg, drehten sich um und überlegten, in welche Richtung sie jetzt rennen sollten.

Da schrie die Stimme wieder: »Gleich hab ich euch!«

Paul rannte los. Die anderen hinter ihm her. Er schlug einen Haken nach links und einen Haken nach rechts, dann stolperte er über das wuchernde Gestrüpp am Boden und fiel hin. Die Stimme krächzte, aber Paul konnte nicht verstehen, was sie sagte. Er raffte sich auf und lief weiter. Da konnten sie in der Mauer schon die Tür sehen, durch die sie gekommen waren. Anton und Lilo standen dort und winkten ihnen zu. Es waren nur ein paar Meter, und dann hatten sie es geschafft. »Schnell weg hier«, rief Paul völlig aus der Puste. Alle rannten, so schnell sie konnten, auf die andere Straßenseite, weg vom Schnarrenberger-Grundstück.

»Was war los?«, wollten Anton und Lilo wissen.

»Herr Schnarrenberger ist hinter uns her, fast hätte er uns erwischt.«

Anton und Lilo schauten sich an. Dann sagte sie: »Da war aber niemand hinter euch.«

In diesen Moment bog Herr Schnarrenberger in den Erikaweg ein. Er ging geradewegs auf sein Haus zu. Kurz blickte er in ihre Richtung, dann zog er die Stirn in Falten und schüttelte den Kopf. Er öffnete die Tür zu seinem Grundstück und verschwand in seinem Haus.

»Wenn Herr Schnarrenberger jetzt erst nach Hause kommt – wer hat uns denn dann gerade weggejagt?« Sie überlegten. Aber sie konnten sich nicht erklären, wem die krächzende Stimme wohl gehörte.

»Ich kann nicht einschlafen, wenn ich nicht weiß, woher die Stimme kam«, sagte Leo.

Und Ole meinte: »Dann gibt es nur eins, was wir tun können: Wir müssen bei Herrn Schnarrenberger klingeln. Dann fragen wir nach unserem Ball. Und ob er eigentlich alleine lebt.«

Die Kinder schauten Ole an. Das war der grässlichste Vorschlag, den sie je gehört hatten. Und sie wussten, das war genau das, was sie jetzt tun mussten. Sie gingen langsam über die Straße auf die andere Seite direkt zur Haustür von Herrn Schnarrenberger. Ole streckte die Hand aus, zögerte –

und klingelte. Zuerst passierte nichts. Dann hörten sie ein Rumpeln, eine Kette wurde gerasselt, ein Schlüssel umgedreht. Herr Schnarrenberger öffnete die Tür.

»Ja?«, raunzte er die Kinder an.

»Guten Tag, Herr Schnarrenberger«, säuselten alle im Chor, wie morgens in der ersten Stunde, wenn sie ihre Klassenlehrerin begrüßten. Nur dass die nicht Schnarrenberger hieß.

»Herr Schnarrenberger«, sagte Ole, »bitte entschuldigen Sie vielmals die Störung. Wir haben Ball gespielt und unglücklicherweise ist unser Ball auf Ihr Grundstück geflogen.«

»Passiert«, grummelte Herr Schnarrenberger.

»Wir würden unseren Ball gerne wieder holen, wenn es Ihnen nichts ausmacht.«

Herr Schnarrenberger überlegte. Er schaute von Ole zu Leo. Und von Leo zu Marie. Von ihr zu Greta, dann zu Anton, zu Lilo, und zum Schluss landete sein Blick auf Paul. Paul schluckte, ohne Spucke. Dazu war sein Mund zu trocken, wegen der ganzen Aufregung.

»Und du hast geschossen?«, fragte Herr Schnarrenberger, während er Paul ohne zu blinzeln anstarrte.

»Ja, Herr Schnarrenberger. Über die Mauer«, piepste Paul.

»Mordsschuss für so einen kleinen Hänfling«, sagte Herr Schnarrenberger, »dann geh den Ball mal holen.«

Paul rannte los, während die anderen und Herr Schnarrenberger sich gegenüberstanden und kein Wort sagten. Dann nahm Greta all ihren Mut zusammen und fragte so beiläufig wie möglich: »Wohnen Sie eigentlich alleine?«

»Ja«, grummelte Herr Schnarrenberger zurück.

Die Kinder nickten. Dann schrie auf einmal ein Stimme aus dem Inneren des Hauses: »Hilfe! Hilfe!«

Die Kinder schauten nach Paul, der in diesem Moment um die Ecke gebogen kam, mit dem Ball in der Hand. Mit großen Augen sahen sie Herrn Schnarrenberger an, der so tat, als würde er das Geschrei gar nicht hören.

Dann rollte er mit den Augen und erklärte: »Keine Sorge, Kinder, ich zeig euch, wer da ruft.« Er verschwand und kam im nächsten Moment wieder. Auf seiner Schulter saß ein Papagei. Genau so, wie Papageien auf den Schultern von Piratenkapitänen sitzen. »Darf ich vorstellen? Das ist Jolly Roger, mein Papagei.«

»Gleich hab ich euch«, sagte Jolly Roger. »Hilfe! Hilfe! Ich möchte einen Keks.«

Alle fingen an zu lachen. Und auch Herr Schnarrenberger musste grinsen. Dann konnte er nicht mehr an sich halten und brach in schallendes Gelächter aus. Und Jolly Roger krächzte: »Ha, ha! Ha, ha! Kommt wieder vorbei. Kommt wieder vorbei.«

»Das machen wir, Jolly Roger«, sagten die Kinder aus dem Erikaweg im Chor. Sie verabschiedeten sich und waren ganz im Glück, dass sie weiter Fußball spielen konnten – und sogar noch eine neue Bekanntschaft gemacht hatten.

24

Haltestellensee

Es war ein düsterer Tag, die Autos auf der Straße hatten schon ihre Lichter an, obwohl es gerade mal kurz nach Mittag war. Die Scheibenwischer bewegten sich quietschend mit großen Pausen über die Windschutzscheiben. Es war sommerlich warm. Im Lauf des Tages gab es ein wenig Nieselregen, aber der große in den Nachrichten angekündigte Sturzbach ließ auf sich warten.

Greta, Leo und Ole standen sich an der Bushaltestelle die Beine in den Bauch. Sie hatten eine große Tasche dabei, als wollten sie verreisen. Ein Bus hielt an der Haltestelle. Die Türen öffneten sich, aber niemand stieg aus und niemand stieg ein. Der Busfahrer schaute auf die Kinder. Dann betrachtete er über den großen Rückspiegel den leeren Innenraum – und blickte wieder zu den Kindern, die sich immer noch nicht bewegten.

»Ihr braucht wohl 'ne Extra-Einladung?«, rief er ihnen zu.

Greta, Leo und Ole grinsten freundlich zurück. »Nein, brauchen wir nicht«, sagten sie und blieben weiter stehen.

»Ich hab nicht den ganzen Tag Zeit, wisst ihr?« Der Busfahrer trommelte mit den Fingern auf dem Lenkrad und zog die Augenbrauen zusammen.

»Wissen wir«, sagten sie.

»Wisst ihr auch, dass hier nur eine Buslinie fährt?«

Auch das wussten sie.

»Der nächste Bus kommt erst in zwanzig Minuten. Kinder zahlen nur die Hälfte.« Der Busfahrer wusste auch nicht genau, warum er das gesagt hatte, der Bus war ja kein Kirmesbetrieb. Aber vielleicht könnte man einen daraus machen? In seiner besten Karussellbesitzerstimme rief der Busfahrer: »Die nächste Fahrt geht rückwärts!« Dabei rollte er das »R« so sehr, dass er vor lauter Rachenkitzeln lachen musste.

»Echt?«, fragten Leo und Ole wie aus einem Mund und kamen einen Schritt näher. »Fahren Sie jetzt rückwärts?« Sie warteten auf eine Antwort.

Der Busfahrer überlegte. Er schaute noch mal in den Innenraum. Der war natürlich immer noch leer. Es war bisher ein ruhiger Tag gewesen, warum sollte er nicht einfach mal etwas tun, das er noch nie gemacht hatte, und wirklich die ganze Strecke rückwärts fahren? Er stellte sich vor, wie die Leute auf der Straße schauen würden, wenn er mit seinem Hinterteil voraus an ihnen vorbeifahren würde. Er müsste den Autos links und rechts ausweichen, das wäre bestimmt wie auf einer Schiffschaukel. Und alle Menschen im Bus würden sich vor Lachen die Bäuche halten. Er grinste bei der Vorstellung. »Nein, das geht leider heute nicht«, sagte er. »Also was ist jetzt? Steigt ihr ein oder bleibt ihr draußen stehen?«

»Schade«, sagte Leo, »aber dann bleiben wir hier.« Greta und Ole nickten.

»Ganz wie ihr wollt.« Der Busfahrer schloss die Tür und fuhr weiter. Kaum war er losgefahren, kam der Regen runter, als würde jemand in den Wolken Hunderte riesige Eimer voll mit Wasser auskippen. »Die armen Kinder, hier wären sie jetzt im Trockenen«, dachte der Busfahrer und schaltete die Scheibenwischer auf die schnellste Stufe.

Hätte er in diesem Moment in den Rückspiegel geschaut, dann hätte er gesehen, dass die Kinder einen Freudentanz aufführten. Denn der Regen war genau das, worauf sie die ganze Zeit gewartet hatten.

Greta rief: »Endlich! Ich dachte schon, wir müssten hier ewig warten.«

Der Regen prasselte auf den Boden. Es war so viel Wasser, dass es gar nicht richtig ablaufen konnte. Hinzu kam, dass es eine Besonderheit an der Bushaltestelle gab: Da, wo die Busse immer anhielten, hatte sich die Straße ein wenig abgesenkt. Diese Kuhle fiel normalerweise niemandem auf, aber bei Regen füllte sie sich so schnell mit Wasser, dass sich eine riesige Pfütze bildete. Genau diese Art von Pfütze, um die man sonst immer einen großen Bogen machte. Wenn man bei Regen an der Bushaltestelle stand und ein Auto vorbeifuhr, dann spritzten die Reifen das Wasser aus der Pfütze hoch, und jeder, der sich nicht schnell genug in Sicherheit gebracht hatte, sah nach kurzer Zeit aus, als käme er geradewegs aus der Dusche.

Während sich die Pfütze in einem enormen Tempo füllte und größer und größer wurde, stellten sich Greta, Ole und Leo direkt daneben und warteten. Das war immer der spannendste Moment – bis das erste Auto kam.

»Meint ihr, das Wasser ist sehr kalt?«, fragte Leo.

»Bestimmt«, sagte Greta mit breitem Grinsen.

Die drei traten von einem Bein aufs andere und konnten die Spannung fast gar nicht aushalten, da sahen sie auch schon das erste Auto nahen. Und – wuuuschhhhh spritzte das Pfützenwasser hoch in die Luft. Greta, Leo und Ole jubelten vor Freude und riefen »Noch mal!«, aber der Fahrer des Wagens machte keine Anstalten zu wenden. Brauchte er auch nicht, denn auf einmal kamen die Autos der Reihe nach und rasten durch die Pfütze. Die Kinder wurden nass bis auf die Haut und hatten einen Riesenspaß.

Als die Pfütze leer war, holten sie sich aus der Tasche ihre Handtücher und trockneten sich ab. Dann setzten sie sich auf die Bank an der Haltestelle und aßen ihre mitgebrachten Brote.

»Das war toll«, sagten Ole und Leo – ganz im Glück.

Und Greta schaute in den Himmel, der langsam wieder blau wurde, und blickte dann auf das Haltestellenschild. »Ist ja lustig, das ist mir vorher noch nie aufgefallen.«

»Was denn?«, wollten die Jungs wissen.

»Die Haltestelle. Unser See hat ja schon einen Namen. Und der passt perfekt.«

Die Kinder lasen den Namen auf dem Haltestellenschild und mussten lachen: Die Haltestelle hieß tatsächlich »Lochbad«.

25

Ampelmännchen

Als Greta und Paul mit Mama um die Ecke bogen, trauten sie ihren Augen nicht. Sie waren in der Innenstadt unterwegs, um Briefmarken zu kaufen und um die Ausweise für die Stadtbücherei verlängern zu lassen und natürlich auch, um *Hänsel und Gretel*, dem Süßigkeitenladen, einen Besuch abzustatten. Sie machten also ganz normale Dinge an einem ganz normalen Tag in einer ganz normalen Stadt. Aber das hier war nicht normal. Sie bogen um die Ecke und standen auf einmal vor einer riesigen Menschenmenge. Es war wie ein Stau auf der Autobahn – nur ohne Autos. Und ohne Autobahn. Aber dafür ging es hier genauso wenig weiter.

»Gibt's hier was umsonst?« Mama stellte sich auf ihre Zehenspitzen.

»Kannst du erkennen, wofür die anstehen?«, wollte Greta wissen.

»Nein, nichts zu sehen.«

»Nimm mich hoch! Nimm mich hoch!«, rief Paul. Mama nahm ihn auf ihre Schultern.

»Und? Was siehst du?«

»Also, da ist ein Klamottenladen, die haben Hosen draußen hängen. Beim Bäcker gibt es Brezeln. Können wir gleich Brezeln kaufen, Mama? Oh, und da hinten ist ein Mann mit einem Hund. Ich glaube, der macht Musik mit seiner Gitarre. Und der Hund singt dazu.« Paul fand es toll, so groß zu sein und so einen guten Überblick zu haben.

»Und wegen des Musikers stehen hier alle an? Macht der denn was Besonderes?«, fragte Mama.

»Nein«, sagte Paul, » die Schlange geht viel weiter, aber ich kann nicht erkennen, wo sie anfängt.«

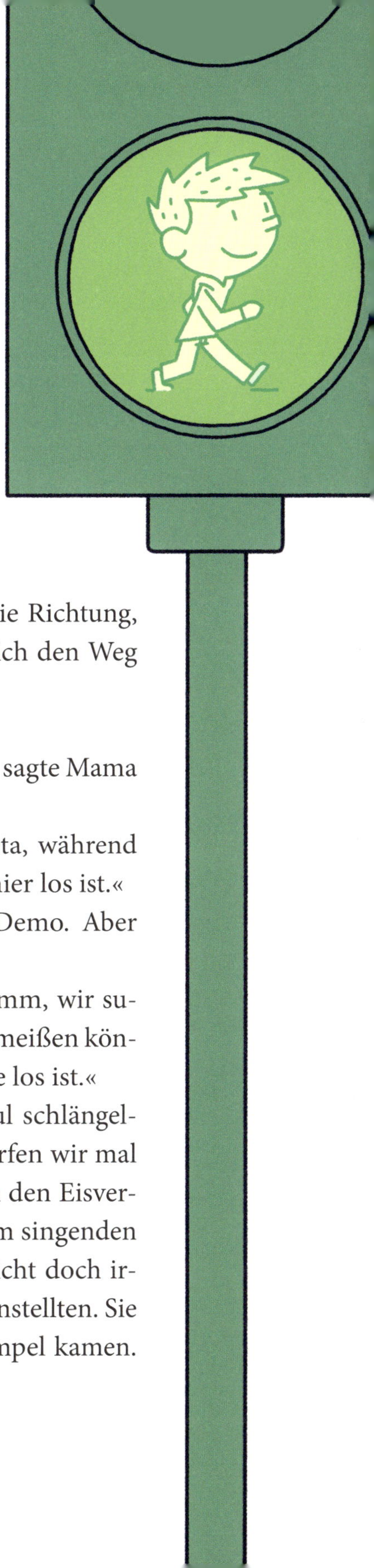

»Na, dann komm mal wieder runter.« Mama setzte Paul zurück auf den Boden. Inzwischen waren die drei nicht mehr das Ende der Schlange. Hinter ihnen hatten sich noch mehr Menschen angestellt. Alle hier warteten ganz ruhig darauf, dass etwas passierte. Keiner regte sich auf oder drängelte nach vorne. Es war fast so, als würde es allen sehr gefallen, ein bisschen in der Sonne zu stehen und einen Moment lang Pause zu haben. Wie gut, dass niemand mit dem Auto da war. Denn Autos haben Hupen und sobald gehupt wird, werden die Menschen meistens ganz unruhig. Statt Hupe konnte man hier ein Klingeln hören. Köpfe drehten sich in die Richtung, aus der das Klingeln kam – ein Eisverkäufer bahnte sich den Weg durch die Menge.

»Dürfen wir ein Eis haben?«, fragte Paul.

»Von mir aus. Hier geht es ja gerade eh nicht weiter«, sagte Mama und kaufte drei Eis am Stiel.

»Das ist wie Picknick. Nur im Stehen«, meinte Greta, während sie das Eis aß. »Aber ich wüsste schon ganz gern, was hier los ist.«

»Vielleicht ein Unfall«, sagte Mama. »Oder eine Demo. Aber nein, dafür ist es zu ruhig.«

Als sie das Eis aufgegessen hatten, sagte Greta: »Komm, wir suchen mal einen Mülleimer, in den wir die Stäbchen schmeißen können. Und vielleicht sehen wir ja dann, was weiter vorne los ist.«

Mama blieb stehen, wo sie war, und Greta und Paul schlängelten sich durch die Leute. »Entschuldigen Sie, bitte! Dürfen wir mal durch? Danke.« So ging das eine Weile. Sie überholten den Eisverkäufer, hörten kurz dem Mann mit der Gitarre und dem singenden Hund zu und schauten in jedes Geschäft, ob es vielleicht doch irgendetwas umsonst gäbe, weshalb die Menschen sich anstellten. Sie entdeckten nichts und gingen weiter, bis sie an die Ampel kamen.

An der Ampel standen ein Mann, der in die Zeitung vertieft war, eine Frau, die telefonierte und ein verliebtes Pärchen, das rumknutschte.

»Ihh«, sagte Paul und schüttelte sich. Die Fußgängerampel war rot. Deshalb blieben Greta und Paul an der Straße stehen und warteten.

Und sie warteten. Und warteten. Auch die anderen Leute warteten alle ganz geduldig.

»Entschuldigung«, sagte Greta zu dem Mann, der Zeitung las. »Hatten sie schon auf den Knopf für die Ampel gedrückt?«

Der Mann schaute zu Greta, dann zum Ampelknopf, wieder zu Greta und sagte: »Ich dachte, die junge Dame mit dem Telefon hätte gedrückt.«

Greta fragte die Frau mit dem Telefon: »Entschuldigung, haben Sie auf den Knopf für die Ampel gedrückt?«

Die Frau unterbrach ihr Gespräch: »Warte mal kurz. Was sagst du, Kleine? Den Knopf? Nein. Ich dachte, die beiden da –«, und sie nickte zu dem Pärchen, das sich immer noch küsste.

»Hallo?« Greta versuchte, auch das Liebespaar zu fragen, sah aber schnell ein, dass das nichts bringen würde. »Was sagst du dazu, Paul?«

»Ja, voll eklig.«

»Nein, ich meinte: Keiner hat auf den Ampelknopf gedrückt.«

Paul drückte beherzt auf den Knopf. Vier Sekunden später wurde die Fußgängerampel grün – und die Menschen setzten sich in Bewegung und gingen über die Straße. Mama kam nach kurzer Zeit auch bei der Ampel an. »Da seid ihr zwei ja. Konntet ihr rausfinden, was hier los war?«

»Ja«, sagten Greta und Paul.

»Alle dachten, die anderen hätten sich schon darum gekümmert, dass die Ampel grün wird. Und dann haben sie alle ganz brav gewartet.«

»Bis ich den Knopf gedrückt hab«, rief Paul und schlug sich dabei auf die Brust.

Mama lachte. »Vielen Dank, mein Pauli. Ich kann wohl eindeutig sagen, dass du mit dieser heldenhaften Tat den Tag gerettet hast.«

»Das finde ich auch«, sagte Paul. Alle drei lachten – und die Ampel wurde wieder rot.

26

Augenleuchten

Es war dunkel und spät. Paul lag im Bett und starrte an die Decke. Er hatte schon geschlafen und war wieder aufgewacht. Das passierte manchmal. Normalerweise drehte er sich dann auf die Seite, kuschelte sich in seine Bettdecke, nahm Kaki, seinen Stoffhasen, fest in den Arm und schlief sofort wieder ein.

Heute aber funktionierte das nicht. Er hatte sich auf die Seite gedreht, er hatte sich in seine Bettdecke eingekuschelt, er hatte Kaki fest in den Arm genommen – und schlief trotzdem einfach nicht mehr ein. Stattdessen drehte er sich wieder auf den Rücken und starrte die Decke seines Zimmers an. Und die Decke starrte zurück: Zwei grüne Augen schauten nach unten auf Paul.

»Hä?«, fragte Paul in die Dunkelheit. Er blinzelte. Die Decke blinzelte auch. »Das gibt's doch nicht.« Paul tastete nach dem Lichtschalter. Er knipste die Nachttischlampe an, und im Zimmer wurde es hell. Paul schaute zur Decke, genau an die Stelle, wo gerade eben in der Dunkelheit noch die beiden Augen leuchteten. Er konnte nichts erkennen. Da war kein Gesicht, keine Augen, da war nur langweilige Zimmerdecke.

»Vielleicht hab ich geträumt«, sagte sich Paul und knipste das Licht wieder aus. »Wobei das ja sehr komisch ist, wenn ich träume ohne zu schlafen. Das geht eigentlich nur am Tag. Mit Tagträumen. Kann man eigentlich in der Nacht Tagträume haben?«, fragte er seinen Hasen, während er sich an ihn schmiegte. »Und jetzt schlafen!«, gähnte er und blickte noch mal kurz zur Decke, um sich zu vergewissern, dass ihn niemand anschaute.

Schon wieder blickten ihn die zwei grünen Augen aus der Dunkelheit an.

Paul sagte: »Ich träum doch nicht!«

Dann schaltete er das Licht wieder ein, und die grünen Augen verschwanden. Er schaltete das Licht wieder aus. Da waren die Augen wieder. Licht an, die Augen waren weg. Licht aus, die Augen waren wieder da. Licht an, Licht aus. Augen weg, Augen da.

Paul knipste das Licht immer schneller an und aus und rief: »Disco-Paul!«, während er seine Beine in die Luft schleuderte und mit ihnen wilde Tanzbewegungen machte. Nach ein paar Minuten kam er etwas außer Atem und ließ seine Füße aufs Bett fallen.

Er gähnte mit weit aufgerissenem Mund und flüsterte: »Gute Nacht, Kaki!« Dann schaltete er das Licht aus.

Von der Decke über ihm blinzelten ihn die beiden grünen Augen wieder an. Sie zwinkerten Paul zu, und Paul zwinkerte zurück. »Ihr Augen habt eine schöne Farbe«, sagte er, »aber ihr müsst jetzt schlafen. Sonst kann ich nicht schlafen.«

Die Augen reagierten nicht, sondern leuchteten einfach nur weiter.

»Gut, wir machen es so: Wir schauen uns an und wer zuerst blinzelt, hat verloren, und muss tun, was ich sage. Abgemacht? Und los.«

Das war ein Spiel, das Paul gerne mit Greta spielte. Es war gar nicht so leicht, die Augen eine längere Zeit aufzuhalten, ohne zu blinzeln, aber Paul wollte unbedingt gewinnen. Seine Augen fingen an zu jucken und zu tränen, aber Paul blieb stur und blinzelte nicht. Das machte anscheinend großen Eindruck auf die grünen Augen an der Decke: Sie blinzelten.

»Gewonnen!«, rief Paul. »Wir müssen jetzt schlafen, ich bin Bestimmer.« Er drehte sich auf die Seite und machte es sich gemütlich. Doch die Augen dachten gar nicht daran, sich schlafen zu legen. Im Gegenteil, sie wurden richtig munter und fingen an, sich zu bewegen. Von der Decke schwebten sie langsam nach unten, bis sie ungefähr auf der Höhe von Pauls Kopf waren.

»He«, rief Paul, als er die Augen bemerkte. Er schaltete das Licht ein –

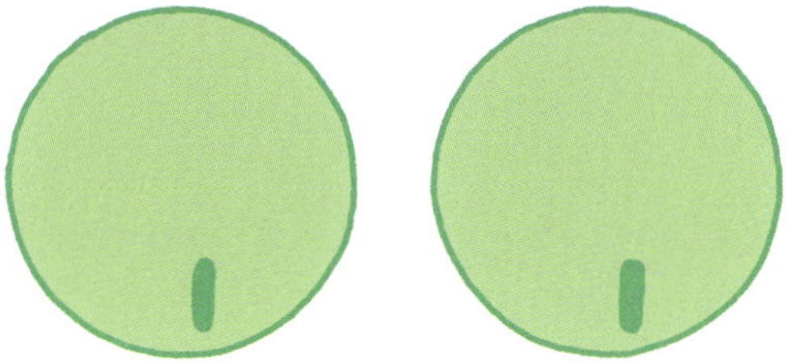

und die Augen waren wieder verschwunden. »Jetzt reicht es aber.« Er wurde ein bisschen sauer, weil die Augen sich einfach nicht an die Abmachung hielten. Paul stand auf und ging zu Greta.

»Greta! Greta!«, er rüttelte an ihrer Schulter. Greta wachte auf.

»Noch fünf Minuten«, sagte Greta. Dann merkte sie, dass nicht Mama, sondern Paul sie geweckt hatte, und war sofort hellwach. »Was ist los?«

Paul erklärte: »Da ist jemand in meinem Zimmer, der mich die ganze Zeit anstarrt. Aber nur, wenn es dunkel ist. Kannst du mal mitkommen?«

Greta stand auf und ging mit Paul in sein Zimmer. Dort sah alles ganz so aus wie immer.

»Hier sieht es aus wie immer«, sagte Greta. »Dafür weckst du mich?«

»Warte mal!«, flüsterte Paul und schaltete das Licht aus. Kaum war es dunkel, starrten die beiden Augen auf die Kinder. Greta streckte ihre Hand aus, um eins der Augen zu berühren. Aber das Auge bewegte sich zur Seite und wich ihrer Hand aus. Paul schaltete das Licht wieder ein. »Siehst du? Jetzt sind sie wieder weg.«

»Das ist ja eigenartig«, murmelte Greta. »Mach noch mal dunkel.«

Paul knipste das Licht wieder aus. Die Augen waren wieder da. Jetzt wanderten sie durch das ganze Zimmer. Der Abstand zwischen den beiden Augen wurde mal größer, dann wieder kleiner, dann hörten sie auf, sich zu bewegen und starrten wieder still in die Dunkelheit. Paul machte das Licht wieder an. Das Leuchten der Augen erlosch, aber Greta und Paul konnten genau erkennen, dass die Augen sich zum Bücherregal bewegt hatten.

Greta suchte die Bücher nach einem Hinweis ab. Dann rief sie: »Ha! Hab ich's mir doch gedacht.«

Paul sah, wie seine Schwester mit ihrer Hand vorsichtig etwas von den Büchern hochhob. Sie ging mit geschlossener Hand zu ihrem Bruder und sagte mit einem leichten Triumph in der Stimme: »Ich hab die Augen.«

Sie öffnete ganz langsam ihre Hand. Auf der Handinnenfläche krabbelten zwei Insekten.

»Das sind Glühwürmchen«, erklärte Greta. »Von denen gibt es bei uns im Wald richtig viele. Ich glaube, die zwei haben sich verirrt.«

»Wie schön«, sagte Paul. Er machte das Licht aus – und die Glühwürmchen in Gretas Hand fingen wieder an zu leuchten. Die Kinder gingen zum Fenster und öffneten es. Dann streckte Greta die Hand mit den Glühwürmchen nach draußen und pustete kräftig. Die Glühwürmchen flogen los und verschwanden in der Dunkelheit.

»Jetzt können wir endlich schlafen«, sagte Paul. Greta ging in ihr Bett und Paul in seines. Er drehte sich auf die Seite, kuschelte sich in seine Bettdecke, nahm Kaki, seinen Stoffhasen, fest in den Arm und schlief sofort ein.

27

Blitzmerker

Greta und Paul saßen im Flur und warteten an der Haustür darauf, dass es klingelte. Mausi strich ihnen um die Beine und wollte gekrault werden, aber die Kinder waren zu unruhig, um sich auf die Katze zu konzentrieren und sie zu streicheln. Sie wollten nur, dass es endlich klingelte und ihr Opa vor der Tür stand.

»Was, wenn er uns vergessen hat? Er ist ja schon sehr alt«, sagte Paul zu Greta.

»Quatsch! Wir sind fest verabredet«, antwortete Greta.

Mama und Papa kamen in den Flur und zogen sich Schuhe und Jacken an. »Wir sind dann jetzt weg«, sagte Mama. »Opa kommt gleich und passt auf euch auf.«

»Wenn er uns nicht vergessen hat«, raunte Paul.

»Warum sollte er seine Lieblingsenkelkinder vergessen haben?«, fragte Papa.

»Er ist ja schon sehr alt«, wiederholte Paul.

Aber niemand antwortete ihm. Die Eltern verabschiedeten sich und Papa erinnerte Paul und Greta daran, keinen Unsinn zu machen und immer schön auf Opa zu hören.

»Aber was, wenn Opa sagt, wir sollen Unsinn machen? Sollen wir dann nicht auf ihn hören? Oder sollen wir lieber nicht auf dich hören?« Greta grinste.

Papa schaute Mama an und sagte trocken: »Sie ist ganz eindeutig mit deinem Vater verwandt.«

»Daran hab ich nie gezweifelt«, antwortete Mama, lächelte und gab Paul und Greta einen Kuss. Dann gingen Mama und Papa nach draußen und zogen die Tür fest von außen zu.

Paul und Greta lauschten. Sie konnten hören, wie ihre Eltern ins Auto stiegen, den Motor starteten und wegfuhren. Dann war es still.

»Jetzt sind wir allein«, sagte Paul, und es sah für einen Moment so aus, als würde er gleich anfangen zu weinen. Seine Unterlippe zitterte.

»Du bist ein Blitzmerker«, antwortete Greta.

Paul überlegte. Dann, nach ein paar Augenblicken der Stille, fragte er: »Woher weißt du das, Greta?«

»Woher weiß ich was?«

»Dass ich ein Blitzmerker bin. Mir ist das noch nie aufgefallen, aber jetzt, wo du es sagst – du hast total recht.«

Greta sah ihren kleinen Bruder verdutzt an. Sie hatte nicht den blassesten Schimmer, was er meinte.

Paul redete weiter, mehr zu sich selbst als zu seiner Schwester. Das machte er meistens dann, wenn er ein bisschen Angst hatte. Das Reden war wie lautes Nachdenken. Es hatte eine sehr beruhigende Wirkung auf Paul. So lenkte er sich selbst ab. »Ich weiß noch, als es vor ein paar Wochen so gewittert hat – ich hab wirklich jeden Blitz gemerkt. Das fühlte sich so an, wie damals, als ich mal mit der Zunge an der Batterie aus der Fernbedienung geleckt hab. Das war eine blöde Mutprobe, weil: Man musste dafür gar nicht mutig sein.«

»Das haben Mutproben so an sich«, sagte Greta. »Wenn du Mut rückwärts sprichst, wie klingt das dann?«

Paul formte mit seinen Lippen das Wort Mut und sagte es leise ganz langsam vor sich hin: »Muut, Muut.« Dann versuchte er es rückwärts auszusprechen. »Tuum.«

»Merkst du was?«, fragte ihn Greta.

»Ja«, sagte Paul. »Mut klingt rückwärts ein bisschen wie dumm.«

Greta nickte. »Mutproben sind eigentlich Dummproben. Man stellt nämlich nicht fest, wieviel Mut einer hat, sondern wie dumm einer ist.«

Paul dachte nach. Dann sagte er: »Und im Winter – das fällt mir jetzt erst ein: Auf der Rolltreppe im Kaufhaus bekommst immer du einen Schlag. Das blitzt manchmal richtig. Ich bekomme nie einen gewischt. Und ich glaube, das liegt daran, dass ich ein Blitzmerker bin. Ich merke einfach, wenn ich was nicht anfassen sollte, weil da Blitze drinstecken. Das ist schon toll, oder? Wenn man so einen Blitzmerkerbruder hat.«

Greta rollte mit den Augen. Wenn ihr Bruder einmal anfing, so vor sich hin zu reden, dann konnte ihn nichts mehr stoppen. »Blitzmerker« hatte sie als Spaß gemeint, weil Paul etwas so Offensichtliches bemerkte, wie die Tatsache, dass sie nun alleine waren. Aber interessanterweise hatte ihr Bruder gar nicht so unrecht: Er hatte wirklich ein Gespür für Blitze.

»Das stimmt, Paul. Mir ist das vorher

auch noch nie aufgefallen. Aber erinnerst du dich noch an unseren letzten Urlaub?«

Natürlich erinnerte er sich an die Osterferien. Sie hatten mit Mama und Papa eine Wanderung in den Bergen gemacht. Los ging es bei strahlendem Sonnenschein. Aber auf halber Strecke zogen Wolken auf und es fing fürchterlich zu stürmen an. Sie suchten Schutz unter einem Felsvorsprung, unter dem Paul aber nicht bleiben wollte. Deshalb lief er durch den Regen einfach den Weg weiter. Natürlich kam ihm der Rest der Familie hinterher. Als sie Paul an der nächsten Kurve eingeholt hatten, krachte es ohrenbetäubend laut. Ein Blitz hatte direkt neben dem Felsvorsprung, unter dem sie Schutz gesucht hatten, einen Baum getroffen, der krachend umfiel. Greta riss vor Staunen den Mund weit auf, Mama und Papa waren bleich vor Schreck, nur Paul sagte selbstbewusst: »Hab ich doch gesagt, dass das kein guter Ort ist.« Er schaute nach vorne den Weg entlang. »Da, die Hütte ist viel besser«, und zeigte auf eine kleine Schutzhütte, in der die Familie den Sturm abwarten konnte.

»Das war eine tolle Wanderung«, sagte Paul, »aber ehrlich gesagt, wäre ich statt Blitzmerker lieber Opamerker. Moment!« Paul hielt mitten in der Bewegung an und starrte auf die Tür. Dann klingelte es. Greta und Paul schauten sich an und riefen gleichzeitig: »Opa!«

Sie öffneten die Tür. Opa kam herein und wurde wild von den Kindern umarmt.

»Hallo, ihr beiden«, sagte Opa. »Ich hab euch nicht vergessen. Meine Kette war abgesprungen. Als ich sie wieder dran hatte, bin ich wie ein geölter Blitz zu euch geradelt.«

»Das hab ich gemerkt«, grinste Paul.

Opa zog seine Jacke aus. Und als alle drei ins Wohnzimmer gingen, fragte er: »Na? Welchen Unsinn wollen wir denn heute anstellen? Ich hätte da die eine oder andere Idee.«

28

Überraschungsgebäck

Greta und Paul spazierten mit ihrem Opa in das Café »Das Blaue Windrad«. Das Café hieß so, weil es in einer alten Windmühle untergebracht war. Vor vielen Jahren hatte der Besitzer die Mühle mal weiß angestrichen, jetzt aber blätterte die Farbe an vielen Stellen von der Außenwand ab. Und auch das große blaue Windrad hatte schon mal besser ausgesehen, aber die Hauptsache war, dass sich das Rad immer noch im Wind drehen konnte. Und das machte es auch an diesem Tag.

Greta und Paul – und auch Opa Edgar – gingen sehr gerne in die alte Mühle. Der Kuchen war einfach köstlich. Und er war sogar über die Stadtgrenzen hinaus berühmt, deshalb kamen Gäste von weit her.

Aber nicht nur der Kuchen lockte die Leute an. Es gab nämlich ein Gerücht, das sich die Leute hinter vorgehaltener Hand erzählten: Die Mühle war angeblich gar keine Mühle, sondern die Spitze einer Rakete. Tatsächlich erinnerte die Form der Mühle ein wenig daran. Der Rest der Rakete war demnach tief in der Erde unter dem Café verborgen – und die blauen Windflügel waren nur zur Tarnung angebracht.

Dieses Gerücht sorgte dafür, dass Paul und Greta jedes Mal, wenn sie zum Kuchenessen in der Windmühle waren, auf die Toilette gingen. Nicht unbedingt, weil sie dringend mussten, sondern weil es im Keller neben den Türen mit den Symbolen für Frauen und Männer noch eine dritte Tür gab. Auf der war kein Symbol, sondern nur ein Schild angebracht. Darauf stand: »Privat. Eintritt für Unbefugte strengstens verboten.« Wenn diese Tür doch nur einmal offen stehen würde. Dann könnte man wenigstens einen Blick in den Raum dahinter werfen und herausfinden, ob er nur eine

Abstellkammer war, in der Besen und Staubsauger und Müllbeutel lagerten, oder ob sich dahinter vielleicht ein großes Geheimnis verbarg, das mit der Rakete zu tun hatte.

»Also, was wollt ihr essen und trinken?«, fragte Opa. Die drei hatten sich an einen Tisch am Fenster gesetzt und schauten in die Karte. Auch Paul. Er war zwar noch nicht in der Schule, aber weil er schon ein paar Buchstaben kannte, versuchte er zu entziffern, was das Café zu bieten hatte.

»Opa, was sind M-Ma-Made – gibt es hier Maden zu essen?« Paul setzte sich kerzengerade hin und war ganz begeistert. Er zeigte mit seinem Finger auf das Wort, das er versucht hatte vorzulesen.

»Lass mal sehen.« Opa beugte sich zur Seite, um Pauls Karte lesen zu können. »Oh, ich muss dich enttäuschen. Das sind keine Maden, das sind Madeleines.« Paul ließ seine Schultern hängen und zog eine Schnute. Er hatte sich schon so darauf gefreut, seinen Freunden erzählen zu können, dass er Maden gegessen hätte. »Nicht traurig sein. Maden kannst du immer noch essen, aber diese Madeleines hier sind etwas ganz Besonderes. Die sind so köstlich. So etwas Leckeres habt ihr noch nie gegessen. Wenn man die isst, hat man das Gefühl, in den Wolken zu schweben.«

»Ich bin dabei. Die nehm ich«, sagte Greta.

Und Paul rief: »Madeleines für alle!«

Opa überlegte und flüsterte: »Das ist eine sehr gute Idee.« Er sah sich im Café um und zählte die Gäste. Dann schaute er auf den Preis für eine Portion Madeleines. Er sah zu Paul und Greta und sagt: »Ich denke, wir sollten alle Leute hier heute mal zu einem Überraschungsgebäck einladen. Die werden Augen machen!«

Dann bestellte er bei der Kellnerin Madeleines für alle Gäste im Café.

»Wirklich für alle?«, fragte sie etwas verunsichert.

»Ja, für alle«, bestätigte Opa. »Und machen Sie es am besten so, dass alle die Madeleines gleichzeitig bekommen.«

»Na, wie gut, dass wir gerade eine frische Ladung im Ofen haben«, lachte die Kellnerin. »Es dauert nur noch ein bisschen, bis sie abgekühlt sind.«

»Das macht nichts, wir haben heute keine Verabredung mehr«, sagte Opa und lehnte sich zufrieden in seinem Stuhl zurück. »Das wird für alle eine große Überraschung.«

Greta und Paul schauten sich an. Dann sagte Greta: »Opa, wir gehen mal kurz auf die Toilette.« Natürlich war das nur ein Vorwand, um nachzusehen, ob die verbotene Tür heute vielleicht offen stand. Die beiden gingen die Stufen zum Untergeschoss hinab und blieben vor den drei Türen stehen. Greta drückte auf die Klinke der Tür zur Damentoilette und öffnete sie einen Spalt. Paul machte das Gleiche bei der Tür zur Herrentoilette. Sie ließen die Türen los und wieder ins Schloss fallen, denn keiner der beiden musste wirklich auf die Toilette gehen. Dann stellten sie sich vor die dritte Tür, die mit dem Verbotsschild, und legten ihre Hände auf die Klinke. Beide drückten gleichzeitig nach unten, zogen leicht – und die Tür öffnete sich. Sie war nicht abgeschlossen! Als ob die Klinke plötzlich ganz heiß geworden wäre, ließen Greta und Paul sie erschrocken wieder los. Die Tür zog sich ganz langsam automatisch zu und schloss mit einem leisen Seufzer. Greta und Paul sahen sich an.

»Sollen wir mal reinschauen?«, fragte Paul.

»Da steht ›Eintritt verboten‹. Reinschauen scheint erlaubt zu sein«, antwortete Greta.

Beide atmeten tief ein, griffen an die Klinke und öffneten die Tür. Der Raum hinter der Tür war düster und wurde nur ein bisschen vom Licht erhellt, das durch die offene Tür vom Flur hereinschien. Die Kinder konnten Lager-Regale erkennen, die größtenteils leer waren. Ein paar Müllbeutel-Rollen lagen auf einem Regalboden. Putzzeug war zu erkennen, ein Besen, ein Staubsauger und ein Karton, auf dem mit hastiger Schrift »Zweitschlüssel« oder »Zeitschlüssel« stand – so genau ließ sich das nicht entziffern. Rechts neben dem Regal standen Schränke, in die jede Menge Tasta-

turen, Kippschalter und kleine Lampen eingebaut waren. Auf der anderen Seite des Raums war eine Gitterwand, die an einer Säule aus Metall festgemacht war. Und links neben der Säule führte eine Wendeltreppe abwärts.

»Wenn es da noch tiefer runtergeht –«, Greta brachte den Satz nicht zu Ende, denn Paul war schon zur Treppe gerannt und versuchte unten in der Dunkelheit zu erkennen, wohin die Treppe führte. »Bleib hier«, zischte Greta und lief ihrem Bruder hinterher. Sie ließ die Tür los. Und die tat das, was sie kurz vorher schon einmal gemacht hatte – sie schloss sich langsam und mit einem leisen Seufzer. Der klang ungefähr so: Ffffffft. Plötzlich war es in dem Raum stockduster, weil das Licht aus dem Flur nicht mehr hereinleuchtete. »Paul? Paul!«, rief Greta.

»Bei der Treppe!«, antwortete Paul. »Ich glaube, die geht ganz schön weit runter. Hör mal!« Paul rief ein kurzes »Hey!« nach unten und es dauerte einen Moment, bis das Echo wieder zu ihnen zurückkam.

»Komm zu mir. Nicht, dass du da runterfällst.« Greta streckte ihre Hand blind nach vorne aus, griff Pauls Schulter und zog ihn von der Treppe weg. Im Dunkeln tasteten sie sich am Gitter entlang zum Regal und von dort zu den Schränken mit den Schaltern.

»Hier muss man doch irgendwo ein Licht einschalten können«, sagte Greta und tastete mit ihren Fingern die Schränke nach etwas ab, das sich wie ein Lichtschalter anfühlte. Dabei drückte sie – mehr aus Versehen als aus Absicht – auf verschiedene Schalter. Auf einmal kam Leben in den Schrank. Die kleinen Lichter fingen an zu leuchten und blinken. Paul war begeistert, weil ihn das an Weihnachten und Lichterketten erinnerte. Es piepte und zischte und aus der Tiefe der Wendeltreppe stieg ein metallisches Klonken und Klackern zu ihnen nach oben, so als hätte Greta nicht nur ein paar Lichter eingeschaltet, sondern auch eine große, geheimnisvolle Maschine.

Da wurde die Tür aufgerissen und der Besitzer der Mühle stand breitbeinig vor ihnen. »Was macht ihr denn hier! Könnt ihr nicht lesen?« Sein Blick fiel auf die Anzeigen und die Lichter, die munter in den Schränken vor sich hin blinkten. »Och, nee«, seufzte der Mann, sprang zur Tastatur, schaltete einen Bildschirm ein und fing an, wild drauflos zu tippen.

»Können wir helfen?«, fragte Paul.

Der Besitzer sah ihn an, überlegte kurz und sagte dann: »Drück da drauf. Alle fünf Sekunden einmal, bis ich sage, dass es reicht. Und du«, er wandte sich zu Greta, »zieh diesen Hebel langsam nach unten.« Paul und Greta folgten den Anweisungen des Mühlenbesitzers. Dann sagte er: »Und jetzt ab nach oben. Hier läuft es automatisch weiter. Zu keinem Menschen ein Sterbenswörtchen über all das hier. Verstanden?«

»Verstanden.« Greta und Paul nickten heftig und liefen nach oben ins Café. Sie waren froh, dass sie keinen Riesenärger bekommen hatten. Als sie sich zu Opa setzten, wurden gerade die Madeleines serviert. Die Gäste wunderten sich und sagten der Kellnerin, das hätten sie nicht bestellt. Die Kellnerin aber zeigte nur auf Opa, der fröhlich zurückwinkte, lächelte und allen einen guten Appetit wünschte: »Die sind köstlich! Und Sie sind eingeladen.«

Die Leute im Café bissen in ihre Madeleines und ein Raunen und Seufzen ging durch den Raum. Man hörte Sätze wie »Oh, sind die lecker!« und »So etwas Köstliches!«. Aus lauter Verzückung schlossen alle ihre Augen, um durch nichts von dem Geschmack der Madeleines abgelenkt zu werden.

Opa grinste und freute sich. Und auch Greta und Paul schmeckte es so gut, sie hatten den Eindruck, dass der Raum vor lauter »mmh«, und »ooh« bebte. Greta öffnete ein Auge, weil sie merkte, dass der Boden anfing zu rumpeln. Sie sah aus dem Fenster und riss beide Augen auf.

»Paul! Guck nach draußen!«, flüsterte sie.

Sie sahen, wie sie in die Luft stiegen und durch die Wolken flogen. Das Café war wirklich die Spitze einer Rakete, die gerade eben abgehoben hatte. Paul und Greta rissen ihre Münder auf. Die Rakete stieg immer höher und höher bis hinauf ins nähere Weltall. Dann wurde sie langsamer und sank wieder zu Boden. Die Windmühlenflügel bremsten den Fall so sanft ab, dass die Rakete am Ende wieder butterweich in ihrer unterirdischen Garage landete und nur noch das Café »Das Blaue Windrad« aus dem Boden herausschaute.

Die Gäste schluckten ihre letzten Gebäckreste hinunter, hielten kurz inne und begannen zu johlen und zu klatschen. Sie schauten voller Glück zu Opa und bedankten sich herzlich bei ihm. Keiner von ihnen hatte etwas vom Raketenflug bemerkt. Das Rumpeln und Beben und die leichte Schwerelosigkeit brachten alle ausschließlich mit dem vorzüglichen Geschmack der Madeleines in Verbindung.

»Na, hab ich euch zu viel versprochen?«, fragte Opa und schaute seine Enkelkinder erwartungsvoll an. »Die sind doch echt zum Abheben, oder?«

Paul und Greta nickten mit einem breiten Grinsen im Gesicht. Der Café-Besitzer kam an ihren Tisch und fragte, ob alles zu ihrer Zufriedenheit wäre. Dabei tauschte er mit Greta und Paul einen verschwörerischen Blick aus. »Alles bestens«, sagten sie – und nahmen sich jeder noch eine Madeleine.

29

Tintenkillerbettlaken

Greta saß am Esstisch und machte Hausaufgaben. Sie sollte ein Gedicht schreiben.

»Was machst du?«, fragte Paul.

»Ich muss für die Schule ein Gedicht schreiben«, antwortete Greta.

»Was für ein Gedicht?«, wollte Paul wissen.

»Ein Elfchen«, sagte Greta.

Paul machte große Augen, weil er bei dem Wort »Elfchen« sofort an die kleinen unsichtbaren Wesen denken musste, von denen behauptet wird, sie würden in Steinen oder Felsen leben.

Greta musste lachen, als sie Pauls erstauntes Gesicht sah. »Ein Elfchen ist keine kleine Elfe, Paul. Das Gedicht heißt so, weil es in der ersten Zeile ein Wort gibt, in der zweiten Zeile zwei, in der dritten Zeile drei, in der vierten Zeile vier –«

»Und in der fünften Zeile fünf Wörter«, beendete Paul stolz Gretas Aufzählung.

»Leider nein. In der fünften Zeile ist es wieder nur ein Wort. Sonst wäre es kein Elfchen. Denn Elfchen haben genau elf Wörter. Daher kommt der Name.«

Das wurde Paul ein bisschen zu langweilig, deshalb fragte er: »Darf ich mit deinen Stiften malen?«

Greta erlaubte es ihm und dachte weiter über ihr Elfchen nach. Paul malte, Greta schrieb. Greta schrieb, Paul malte. Dann sagte Greta: »Hör mal zu! Grün / Vögel zwitschern / die Bäume blühen / die Sonne scheint wieder / Frühling. Wie gefällt dir das?«

»Gut«, sagte Paul. »Aber deine Stifte gefallen mir überhaupt nicht. Die malen gar nicht.« Paul kritzelte mit einem von Gretas Stiften auf einem Blatt Papier. Es war tatsächlich nichts zu sehen.

»Oh, Paul, das ist doch auch der Tintenkiller!«

Paul legte den Kopf leicht zur Seite und sah fragend seine Schwester an. Er verstand nicht, was sie meinte. Tintenkiller? Er kannte Tintenfische. Und er wusste, dass seine Mama immer ›kille kille‹ sagte, wenn sie ihn kitzelte. Er hielt sich den Stift ans Ohr und versuchte, etwas zu hören.

»Was machst du?«, wollte Greta wissen.

»Ich will hören, ob die Tinte lacht, so wie ich, wenn Mama bei mir ›kille kille‹ macht«, antwortete Paul.

Greta schlug sich mit der flachen Hand an die Stirn: »Oh, Mann, Paul!« Manchmal muss man mit kleinen Brüdern wirklich sehr geduldig sein, weil sie überhaupt nichts von der Welt verstehen.

»Mit einem Tintenkiller kann man Tinte wegmachen. Wenn ich mit Tinte schreibe – hier mit diesem Füller –«, sie kramte in ihrem Mäppchen und zog ihren Füller hervor, »und mich verschreibe, dann kann ich die Tinte wegzaubern.« Sie zeigte es ihm.

Paul hörte nur »zaubern« und war begeistert: Seine Schwester besaß einen richtigen Zauberstab. Und sie konnte damit zaubern.

»Meinst du, ich kann das auch?«, fragte er sie.

»Na, klar!« Greta reichte ihm den Tintenkiller.

Paul malte mit dem Stift über ein paar Linien, die er vorher mit dem Füller auf das Blatt gekritzelt hatte. Es funktionierte! Die Tinte verschwand. Paul konnte gar nicht mehr aufhören, so viel Spaß machte ihm das.

Als er alle Tintenstriche vom Papier gekillert hatte, fragte er sich, was wohl passieren würde, wenn er mit dem Tintenkiller einfach auf dem Papier weitermalen würde. Ob er das Papier auch verschwinden lassen könnte? Er schaute zu seiner Schwester, die sich auf ihre Schulsachen konzentrierte. Dann schaute er auf das Papier und auf den Stift in seiner Hand. Er malte drauflos. Einfach so auf das Papier, auf dem keine Tinte mehr zu sehen war. Er malte und malte – und dann war das Papier verschwunden. Paul quiekte vor Freude. Greta guckte kurz hoch.

»Was soll das?«, wollte sie wissen.

»Man kann mit dem Tintenkiller nicht nur Tinte verschwinden lassen, Greta. Schau mal!« Und Paul malte mit dem Tintenkiller über eine der Blumen, die auf dem Esszimmertisch in einer Vase standen. Schwupps – war die Blume verschwunden. Dann malte er über die Kerze, die im Ker-

zenständer steckte. Und schon war auch die verschwunden. Er schaute auf den Stift in seiner Hand, dann zu Greta.

»Denk nicht mal dran!«, rief sie. »Ich möchte nicht verschwinden!«

»Aber guck mal – die Kerze und die Blume sind doch alle noch da!« Paul griff dahin, wo die Kerze war. Auch Greta streckte ihre Hand aus und versuchte, mit ihrem Zeigefinger die Kerze anzutippen. Und wirklich! Die Kerze steckte immer noch im Kerzenständer! Das war ein seltsames Erlebnis. Ihre Hand fühlte etwas anderes, als ihre Augen sahen. Ihr wurde kurz ein bisschen schlecht und Greta schloss die Augen. Die Kerze fühlte sich ganz normal an.

»Das gibt's nicht«, sagte Greta. »Weißt du, was wir jetzt machen können?«

»Oh, ja!«, rief Paul, sprang auf und rannte in sein Zimmer. »Ich hole ein Bettlaken!«

Schnell war Paul wieder da. In seiner Hand hielt er ein Laken. Paul und Greta breiteten es auf dem Boden aus. Greta hielt das Laken fest und Paul malte mit dem Tintenkiller sorgfältig auf den Stoff. Und tatsächlich: Das Bettlaken wurde unsichtbar!

Als Paul den Stift leer gemalt hatte, war das Laken nicht mehr zu sehen. Greta hob es hoch und hielt es vor sich hin. Paul strahlte. Es war genau so, wie er es sich vorgestellt hatte: Greta verschwand hinter dem unsichtbaren Tintenkillerbettlaken. Nur noch ihre Finger waren zu sehen, da wo Greta den Stoff festhielt.

»Siehst du mich noch?«, fragte Paul.

»Ja, ich seh dich. Ein bisschen so, als würde ich durch ganz dünnen Stoff schauen. Aber ich seh dich.«

»Ich dich nicht. Von hier bist du komplett verschwunden.«

»Zeig mal«, sagte Greta und gab Paul das Bettlaken. Er drehte es, damit die Tintenkillerseite zu Greta zeigte, legte sich das Laken über den Kopf, als wäre es eine Gespensterverkleidung, und war nicht mehr zu sehen. Greta klatschte vor Freude in die Hände und kroch zu Paul unter das Laken. So saßen sie ganz still da und schauten sich im Esszimmer um.

Papa kam rein. Greta sah zu Paul und legte ihren Zeigefinger auf die Lippen. Papa sah sich um. Und dann, weil er sich unbeobachtet fühlte, popelte er in der Nase. Greta und Paul mussten kichern und Papa drehte sich erschrocken um.

»Greta? Paul?«, rief er und schaute unter den Tisch und hinter dem Vorhang. Papa kratzte sich am Kopf und verließ das Esszimmer wieder. Als er weg war, zogen Greta und Paul ihr Tintenkillerlaken wieder von den Köpfen und lachten laut los.

»Er hat uns nicht gesehen«, sagte Greta mit großen Augen.

»Ja! Wir sind jetzt unsichtbar wie Elfen! Mit diesem Bettlaken.« Paul war begeistert und Greta nickte. »Wir können jetzt abends ganz lange aufbleiben und mit Mama und Papa fernsehen, ohne dass sie es merken. Wir müssen das Laken gut verstecken. Das bleibt unser Geheimnis.«

»Wo ist das Laken?«, fragte Greta.

»Ich dachte, du hältst es die ganze Zeit in deiner Hand?«, antwortete Paul.

»Nein. Ich dachte, du hältst es fest.«

Dann durchsuchten sie das ganze Esszimmer, aber sie konnten das unsichtbare Tintenkillerbettlaken nicht mehr finden.

Mama kam rein und fragte: »Paul, hast du das Laken von deinem Bett abgezogen? Wo ist das jetzt?«

»Wenn ich das wüsste, Mama«, sagte Paul. »Es ist verschwunden.«

30

Elfenstein

»Jetzt erzähl mir doch mal, was das sein soll!«, sagte Greta zu ihrem Papa und hielt ihm den Elfenstein unter die Nase, den sie von Papas altem Schulfreund geschenkt bekommen hatte.

Der Stein war ungefähr so groß wie ihre Faust, seine Farbe war dunkelgrau, und er hatte viele kleine Löcher. Eigentlich sah der Stein mehr wie ein alter, schmutziger Schwamm aus. Er war leicht und roch etwas staubig. Papa musste ein bisschen schielen, weil Greta ihm den Stein so nah vor sein Gesicht hielt. Das sah sehr komisch aus. Greta lachte, und Papa runzelte die Stirn. Er atmete laut durch die Nase ein und wieder aus.

»Also«, begann er. Immer wenn er so anfing, war Greta klar, dass er nicht genau wusste, was er eigentlich sagen sollte. »Du hast doch schon mal von Elfenbein gehört, oder?«

Greta nickte. Elfenbein kannte sie aus Märchen und sie wusste, dass die großen Stoßzähne von Elefanten so genannt werden. Und sie wusste auch, dass Elfenbein weiß war und keine Löcher hatte.

»Elfenstein und Elfenbein haben nichts miteinander zu tun«, erklärte Papa und grinste.

»Och, Papa! Und weiter?«, fragte Greta. »Was ist denn jetzt das Besondere an diesem Elfenstein?«

Papa nahm Greta den Stein aus der Hand und flüsterte: »Der Stein kommt aus Island. Die meisten Menschen dort sind sich sehr sicher, dass es Lebewesen in der Natur gibt, die wir nicht sehen können. Es gibt dort große Trollfelsen. Sie dürfen nicht mit Sonnenstrahlen in Berührung kommen.« Er gab ihr den Stein zurück.

»Was passiert, wenn sie es doch tun?«, wollte Greta wissen.

»Dann verwandeln sie sich in große Steinbrocken. Oft erkennt man in den Felsen noch die Troll-Gesichter. Und dann gibt es die Elfen. Das sind Lebewesen, die aussehen wie wir, nur dass sie viel, viel kleiner sind. Elfen leben zum Beispiel in Steinen. Und es gibt viele Isländer, die eine Haus- oder Hofelfe haben, der sie regelmäßig Kekse und Milch hinstellen.«

Greta dachte nach. Wenn das in ihrer Hand ein Elfenstein war, dann

konnte das ja nur bedeuten, dass eine Elfe darin lebte. »Meinst du –«, Greta brachte ihren Satz nicht zu Ende, aber Papa wusste genau, was sie sagen wollte.

»Mit Elfen darf man es sich nicht verscherzen«, erklärte er. »Wenn in Island gebaut wird, dann werden Elfenexperten gefragt, ob durch die neue Straße oder das neue Haus vielleicht eine Elfe gestört wird. Denn Elfen, die sauer sind, machen sehr viel Unsinn und schrecken auch nicht davor zurück, Chaos zu verbreiten.« Papa erzählte noch jede Menge über die isländischen Elfen, und Greta wollte wissen, wieso sich die Leute dort so sicher sind, dass es Elfen gibt. »Tja«, sagte Papa, »die dreizehn Weihnachtselfen stehen sogar im Telefonbuch. Es gibt übrigens nur ein einziges Telefonbuch für ganz Island. Und wer im Telefonbuch steht, kann angerufen werden. Und wer angerufen werden kann, den muss es doch geben, oder?«

Greta nickte und wurde ganz still. Sie betrachtete den Stein in ihrer Hand und überlegte, wie die Elfe wohl aussah. Dann hatte sie eine Idee.

»Ich werde sie füttern und ihr zu trinken geben. Sie hat bestimmt Hunger und Durst. Und wenn die Isländer das mit ihren Elfen machen, dann kann das nicht falsch sein.« Sie trug den Elfenstein in ihr Zimmer und stellte ihn vorsichtig auf ihren Schreibtisch. Dann lief sie in die Küche, nahm sich ein Glas und füllte es mit Milch. Auf einen Teller legte sie zwei Kekse, überlegte kurz – und legte noch einen Keks dazu. Mit den Keksen und der Milch ging sie zurück in ihr Zimmer und stellte beides auf ihren Schreibtisch neben den Elfenstein. »Bitte sehr, kleine Elfe«, flüsterte sie und wartete.

Es passierte nichts. Je länger Greta wartete, desto klarer wurde ihr, dass die Elfe natürlich nicht einfach so aus ihrem Stein krabbeln, sich für Milch und Kekse bedanken und alles auffuttern würde. Wahrscheinlich gingen Elfen Menschen eher aus dem Weg, dachte sich Greta. Deshalb beschloss sie, Milch und Kekse über Nacht stehen zu lassen. Sie war so in Gedanken, dass sie gar nicht merkte, wie Paul in ihr Zimmer kam.

»Darf ich auch einen Keks haben?«, fragte Paul, der den Teller und das Glas Milch auf Gretas Schreibtisch entdeckt hatte.

»Nein, das ist alles für die Elfe.«

»Jedenfalls sollst du zum Abendessen kommen«, sagte Paul und hüpfte aus ihrem Zimmer. Greta folgte ihm, und alle aßen zusammen in der Küche Abendbrot.

Als Greta eine halbe Stunde später wieder in ihr Zimmer kam, packte sie ihre Schultasche für den nächsten Tag und zog ihre Schlafsachen an. An Kekse, Milch und Elfe dachte sie gar nicht mehr. Als sie sich auf den Weg ins Badezimmer machte, streifte ihr Blick den Schreibtisch. Der Becher mit den Stiften war umgefallen und alle Filzer und Buntstifte lagen da wie

Mikado-Spießchen. »Die muss ich mal wieder richtig einräumen«, dachte sich Greta und ging weiter. Im Badezimmer stand Paul schon am Waschbecken und putzte sich seine Zähne. Greta nahm ihre Zahnbürste, drückte etwas Zahnpasta aus der Tube – und dann hielt sie inne. Sie bewegte sich nicht mehr. In ihrem Kopf ratterte es. Es war, als wäre ihr gerade aufgefallen, dass sie etwas gesehen hatte, was nicht ganz richtig war.

Paul schaute seine Schwester an. Mit Zahnbürste im und Schaum vorm Mund fragte er: »Ist alles in Ordnung?«

Greta drehte sich zu Paul, ließ Zahnbürste und Tube fallen und rief: »Mein Schreibtisch!«

Dann rannte sie in ihr Zimmer. Paul hinterher. »Was ist denn mit deinem Schreibtisch?«, wollte er wissen. »Du könntest mal wieder aufräumen«, meinte Paul und zeigte auf die Stifte.

»Warst du hier, als ich nicht da war? Zwischen Abendbrot und Zähneputzen?«, wollte Greta von ihrem Bruder wissen.

»Quatsch«, sagte Paul.

»Dann kann das nur bedeuten«, Greta zeigte auf den Teller und das Glas, die beide leer waren, »dass es die Elfe tatsächlich gibt!«

»Haben wir ein Glück«, rief Paul und rannte zu Mama und Papa, weil er ihnen sofort von der Elfe erzählen wollte.

Greta blieb und schaute sich ein wenig in ihrem Zimmer um. Vielleicht würde sie ja noch mehr Elfenspuren entdecken. Sie blickte nach rechts, sie blickte nach links, dann bemerkte sie im Augenwinkel eine Bewegung. Sie hielt die Luft an. War das vielleicht die Elfe? Greta drehte sich langsam um, ohne eine hektische Bewegung zu machen und sah: Mausi. Ihre Katze. Mausi leckte sich Milchreste von der Schnauze, und ein paar Kekskrümel hatte sie auch noch im Fell.

Greta lachte: »Na, da hast du uns ja einen schönen Streich gespielt.« Dann nahm sie den leeren Teller und das Glas und trug alles in die Küche.

Wenn Sie ganz leise gewesen wäre, hätte sie vielleicht das Kichern gehört, das aus dem Stein auf ihrem Schreibtisch kam.

31

Elfenfüttern

Greta saß an ihrem Schreibtisch und dachte über ihre Hausaufgaben nach, die sie eigentlich noch machen musste. Sie hatte keine richtige Lust dazu und blätterte etwas gelangweilt in ihrem Deutschbuch herum, ohne darin zu lesen. Sie nahm sich einen Stift aus dem Stiftebecher und kritzelte ein wenig auf der Papierschreibtischunterlage. Dann fiel ihr Blick auf den Elfenstein, der direkt neben der Lampe auf ihrem Schreibtisch lag. Er hatte sich kein bisschen verändert, seitdem sie ihn geschenkt bekommen hatte. Seine Form war gleich geblieben und auch seine Position neben der Lampe hatte sich nicht verändert. Das wunderte Greta natürlich nicht, denn warum sollte sich ein Stein auch verändern? Er war ja nur ein Stein und kein Stück Käse. Greta hatte nämlich mal ein Stück Käse in ihrem Zimmer liegen gelassen und vergessen.

Jetzt könnte man denken, so ein Käse könnte sich genauso wenig verändern wie ein Stein. Aber weit gefehlt. Sie konnte sich noch genau erinnern, wie das damals war. Nämlich so: »Bring bitte mal deine schmutzigen Sportsachen nach unten in den Waschkeller«, sagte Mama zu ihr, als sie in ihr Zimmer kam.

»Ich hab gestern schon alles runtergebracht«, sagte Greta.

»Ähchch, und wo kommt dann dieser Geruch her?«, fragte Mama und sah sich um.

»Das hab ich mich auch schon gefragt.« Greta runzelte ihre Nase. Dann suchten sie und ihre Mama ihr komplettes Zimmer ab, sie rochen an jedem Kleidungsstück in Gretas Schrank. Nichts davon stank so, wie der Geruch, der sich immer mehr in Gretas Zimmer ausbreitete. Dann entdeckte Mama unter Gretas Bett einen kleinen Teller mit einem grauen, haarigen Klumpen, der ungefähr so groß war wie eine Pflaume.

»Ja. Da kommt der Gestank her«, sagte Mama und hob den Teller mit spitzen Fingern hoch. »Was ist das, Greta?«

Greta überlegte. Dann fiel ihr der Käse wieder ein, den sie einmal abends mit nach oben genommen hatte. »Ich glaube, das ist ein Stück Käse.«

»Das war mal ein Stück Käse«, sagte Mama. »Wenn wir noch ein bisschen länger warten, fängt der an zu sprechen und läuft dir hinterher.«

»Sieht aus wie eine kleine Maus, so grau und mit dem Fell. Ich wusste gar nicht, dass Käse Fell kriegen kann.«

»Das ist kein Fell, Schatz, das ist Schimmel. Lass bitte niemals mehr Essen bei dir oben liegen. Versprochen?«

Greta nickte und Mama warf den ehemaligen Käse weg. So war das damals. Wenn man Käse nur lang genug liegen lässt, verändert er seine Farbe, bekommt ein Fell und fängt fürchterlich an zu stinken. Mit dem Sprechen und Hinterherlaufen, vermutete Greta, hatte Mama nur einen Witz gemacht. Aber ein Stein? Warum sollte ein Stein sich verändern?

»Vielleicht, weil du ein Elfenstein bist«, beantwortete sich Greta ihre Frage selbst. Bei ihrem ersten Versuch, die Elfe, die vielleicht in diesem Stein lebte, zu füttern, war ihr die Katze zuvorgekommen und hatte Milch und Kekse einfach weggefuttert.

»Ich probier es noch mal«, dachte sich Greta. Sie ging in die Küche, nahm sich einen Teller mit Keksen und ein Glas mit Milch und trug alles zu sich ins Zimmer. Dann stellte sie den Elfenstein, den Teller und das Glas so hoch ins Regal, dass weder Mausi noch Paul drankommen konnten.

»Bitte sehr, kleine Elfe«, sagte Greta, setzte sich wieder an ihren Schreibtisch und machte ihre Hausaufgaben zu Ende.

Nach ein paar Tagen dachte Greta nicht mehr über die Elfe nach. Und weil sie alles auf das höchste Regal gestellt hatte, bekam sie auch nicht mit, wie die Milch und die Kekse jeden Tag etwas weniger wurden. Nach zwei Wochen war der Teller leer gegessen und das Glas ausgetrunken – und der Gestank war nicht mehr zu überriechen.

»Was ist das für ein Gestank?«, fragte Mama, als sie frische Wäsche in Gretas Schrank einräumte. »Greta, hast du wieder Essen in deinem Zimmer vergammeln lassen?«

»Nein«, protestierte Greta. »Das war bestimmt Paul mit seinen Stinkbomben.«

Tatsächlich roch es in Gretas Zimmer sehr nach faulen Eiern. Mama sah sich um und entdeckte das Glas und den Teller auf dem höchsten Regalbrett. »Und was ist das hier?«, wollte sie von Greta wissen.

Greta bekam ganz große Augen. »Das hab ich der Elfe hingestellt. Und sie hat es gegessen! Weißt du, was das bedeutet Mama?«

»Das bedeutet, dass du wieder Essensreste in deinem Zimmer vergammeln lassen hast. Das hatten wir doch schon besprochen, dass das nicht geht.«

»Nein, Mama, nichts ist vergammelt. Die Elfe hat das gegessen. Und das bedeutet, dass dieser Stein wirklich ein Elfenstein ist.« Sie nahm den Stein und hielt ihn Mama unter die Nase.

Mama zuckte mit dem Kopf zurück und schloss angewidert die Augen.

»Der Geruch kommt vom Stein«, sagte sie und schob ihn mit spitzem Finger weg von ihrer Nase und ging raus an die frische Luft.

Greta roch an ihrem Elfenstein – und schüttelte sich. Ja, der Geruch nach faulen Eiern kam wirklich aus dem Stein. Sie legte ihn wieder auf den Schreibtisch und sah ihn sich lange an.

Paul kam in ihr Zimmer, rümpfte die Nase und fragte: »Hast du gefurzt?«

»Nein, das ist der Stein«, antwortete Greta.

»Als ob Steine furzen können«, sagte Paul, ging ganz nah mit der Nase an den Stein heran und atmete tief ein. »Aber du hast recht«, hustete er, »der stinkt echt. Würde ich wegwerfen.«

»Bist du verrückt?«, rief Greta. »In dem Stein lebt eine Elfe. Die hab ich gefüttert. Und jetzt denk mal nach, was passiert, wenn du was gegessen hast?«

Paul zuckte mit den Schultern.

»Du musst dann irgendwann auf die Toilette und Platz machen für die nächsten Kekse. Die Elfe verdaut gerade. Deshalb riecht der Stein so. Das ist doch ein eindeutiger Beweis.« Greta war begeistert.

»Klingt logisch«, meinte Paul. Und lächelte ganz selig. »Entschuldige.«

»Du musst dich nicht entschuldigen. Ich weiß ja, dass du meinen Stein nicht in echt wegwerfen wolltest«, sagte Greta.

»Nein, dafür hab ich mich gar nicht entschuldigt.«

Greta wollte gerade fragen, für was denn die Entschuldigung gemeint war, da kroch ihr Pauls Pups in die Nase. »Oh, du Stinker! Raus aus meinem Zimmer!«

Und während sie Paul aus ihrem Zimmer schob, rief er: »Island muss ein tolles Land sein. So viele Elfen machen so viel Gestank. Jeder kann pupsen und keiner wird krank. Da möchte ich hin.«

Greta schloss die Tür hinter ihrem Bruder und setzte sich wieder zu ihrem Elfenstein. »Schön, dass du da bist, kleine Elfe. Auch wenn du etwas seltsam riechst.«

32

Piratennachbar

»Hallo, Herr Schnarrenberger! Wie geht es Ihnen, Herr Schnarrenberger? Und wie geht es Jolly Roger?«

Seitdem die Kinder vom Erikaweg wussten, dass Herr Schnarrenberger einen Vogel hatte, also einen echten, lebendigen Papagei, der dazu auch noch ausgesprochen gut sprechen konnte, grüßten sie den alten, grummeligen Mann viel freundlicher. Und seit der Geschichte mit Pauls Fußball huschte auch über Herrn Schnarrenbergers Gesicht immer öfter ein Lächeln, wenn er die Kinder sah.

»Dem geht es gut, danke der Nachfrage«, antwortete Herr Schnarrenberger und blieb für einen Moment stehen. Er kam gerade vom Einkaufen zurück und war schwer mit Einkaufstüten bepackt. Er humpelte ein wenig und brauchte eine kleine Pause. Da kam es ihm gerade recht, dass er den Kindern beim Spielen zusehen konnte. Auf die Straße hatten sie mit Kreide ihre eigenen Wege gemalt, über die sie mit ihren Tretautos und Fahrrädern fuhren.

Greta fuhr auf Herrn Schnarrenberger zu und hielt kurz vor seinen Füßen an. »Können wir Ihnen helfen, die Tüten reinzutragen?«, fragte sie ihn.

»Das ist aber nett, vielen Dank«, freute sich Herr Schnarrenberger. Gemeinsam mit Ole und Leo trug Greta die Einkaufstaschen zu seinem Haus.

Herr Schnarrenberger schloss die Tür auf und trat ein. »Folgt mir einfach in meine Kombüse«, brummelte er.

Die drei Kinder schauten sich verstohlen um, als sie Herrn Schnarrenberger in die Küche hinterhergingen. Sie waren vorher noch nie in seinem Haus gewesen und waren überrascht, dass es von innen so ganz anders

aussah, als sie es erwartet hatten. Und auch ganz anders, als in den anderen Häusern im Erikaweg. Die Wände im Flur waren mit dunklem Holz vertäfelt. Die Lampen, die von der Decke hingen und auch an den Wänden befestigt waren, sahen aus wie alte Schiffslampen. Es gab vier alt aussehende Gemälde von Holzschiffen, die sich durch hohe Wellen kämpften, während der Wind die großen Segel füllte. Das Besondere an den Schiffen waren die kleinen Flaggen hinten am Bug und auf dem höchsten Mast: Es waren schwarze Flaggen mit Totenköpfen. Piratenschiffe!

»Guckt mal hier«, flüsterte Leo und deutete mit dem Kopf zur Vitrine, die auch im Flur stand. Im Vorbeigehen konnten sie hinter den Glastüren auf den Regalböden reich verzierte Modelle von alten Segelschiffen sehen, es gab einige Holzkistchen mit rostigen Schlössern, eine Hakenhand, einen Dreispitz, Säbel und ein paar altmodische Pistolen.

Als sie in der Küche die Tüten abgestellt hatten, nahm Greta all ihren Mut zusammen und fragte Herrn Schnarrenberger: »Sind Sie ein Piratenfan?«

»Was meinst du damit, Kind?«, antwortete Herr Schnarrenberger und kniff die Augen zusammen, sodass er mit einem Mal noch grimmiger aussah als sonst.

Greta schluckte. Sie spürte, dass sie zu zittern anfing, fragte aber trotzdem weiter: »Na, weil in Ihrem Flur die ganzen Bilder von den Piratenschiffen hängen. Und weil Sie Säbel und Pistolen und so was im Schrank stehen haben.«

»Und weil Sie einen Vogel haben«, kam Leo Greta zu Hilfe – und ärgerte sich prompt, weil er das eigentlich ganz anders sagen wollte.

»Wie bitte?«, grollte Herr Schnarrenberger drohend und blitzte die Kinder durch seine Augenschlitze an.

»Also, ich meinte, weil Sie einen Papagei haben.« Leo wurde rot und fing an zu schwitzen.

Herr Schnarrenberger schaute von Leo zu Greta, und von Greta zu Ole. Dann atmete er hörbar durch die Nase ein, presste seine Lippen aufeinander, bis er nicht mehr an sich halten konnte, dann lachte er so laut und donnernd, dass sie glaubten, sie könnten hören, wie die Glasscheiben der Vitrine wackelten und klirrten.

Als er aufgehört und sich die Lachtränen weggewischt hatte, sagte er: »Nein, ich bin kein Fan, kein Piraten-Fan. Ich bin –«, und er machte er eine dramatische Pause, in der die Kinder kaum zu atmen wagten. Dann sprach er ganz langsam weiter und betonte jedes Wort einzeln: »Ich bin ein waschechter Pirat.«

Er lachte laut schallend und musste sich den Bauch halten, während die Kinder versuchten zu begreifen, dass in ihrer Nachbarschaft, direkt neben ihnen, ein richtiger Pirat wohnte.

33

Kapernexperte

Greta, Leo und Ole standen mit weit geöffneten Augen und Mündern in der Küche von Herrn Schnarrenberger. Greta konnte ihren Blick nicht von ihm abwenden. Da stand also ein Pirat vor ihr. Ole, der gerade noch einen Milchkarton aus der Einkaufstüte geholt hatte, um ihn auf die Küchentheke zu stellen, vergaß total, dass er sich dazu hätte zur Theke drehen müssen – und ließ den Karton einfach auf den Boden fallen. Dann schüttelte er sich, als wäre er gerade erst aufgewacht, und sagte »Oh, das tut mir leid«, blieb ansonsten aber bewegungslos stehen.

Sein Zwillingsbruder Leo bückte sich, um den Karton aufzuheben. In diesem Moment fiel sein Blick auf das Bein von Herrn Schnarrenberger, und er konnte erkennen, dass aus dem zwei Zentimeter breiten Stück zwischen dem Rand des Schuhs und dem unteren Ende des Hosenbeins keine Haut hervorblitzte, sondern Holz. Er richtete sich langsam wieder auf und blickte in das Gesicht von Herrn Schnarrenberger, der mit den Achseln zuckte, auf sein Bein klopfte und sagte: »Holz, mein Junge.« Da wurde Leo mit einem Mal klar, warum Herr Schnarrenberger manchmal humpelte: Er hatte ein Holzbein.

Der alte Mann merkte, wie still und beeindruckt die Kinder waren. Und weil er ihnen nicht noch mehr Angst einjagen wollte, sprach er weiter und achtete darauf, auch ja etwas mehr als sonst das »R« zu rollten: »Ich muss mich ein bisschen berichtigen: Ich war mal ein waschechter Pirat. Ein Seeräuber, der die sieben Weltmeere unsicher gemacht hat. Der geflucht und gekapert hat. Der mit dem Meer verheiratet war. Der den ein oder anderen Schatz erbeutet und vergraben hat.«

»Und nicht mehr wieder gefunden hat«, krächzte Jolly Roger, der angeflattert kam und auf der Schulter von Herrn Schnarrenberger landete.

»Ja, ein paar Schätze warten noch darauf, dass ich sie wieder ausbuddle und abhole. Aber ich kann euch beruhigen. Seit einigen Jahren hab ich mich zur Ruhe gesetzt und hab das Piratendasein an die Hakenhand gehängt.« Er musst laut über seinen Witz lachen.

Die Kinder waren sprachlos, so sehr waren sie immer noch erstaunt und überrascht. Viel mehr zu sagen als: »Wann –«, »was –«, »wie –«, schafften sie nicht. Zu viele Fragen schwirrten in ihren Köpfen herum, als dass sie auch nur eine einzige ganz klar hätten aussprechen können. Diese Verwirrung, die Herr Schnarrenberger gestiftet hatte, machte ihm sichtlich gute Laune. Er pfiff ein Piratenliedchen vor sich hin, während er seine Einkäufe auspackte und die Kinder versuchten, ihre Gedanken zu sortieren.

Greta hatte zuerst ihre Fassung wiedergefunden. Sie verschränkte ihre Arme und sagte mit fester Stimme: »Ich glaube Ihnen nicht. Es wäre toll, wenn es stimmen würde, aber ich glaube Ihnen nicht.«

Herr Schnarrenberger beäugte sie und fragte: »Welchen Teil glaubst du mir nicht?«

»Alles!«, rief Greta. »Es gibt schon seit vielen, vielen Jahren keine Piraten mehr, die mit Segelschiffen über die Meere fahren und entern. Und ich glaube, Sie tun nur so, und Sie kennen sich überhaupt nicht aus mit – zum Beispiel – Kapern.«

»Erstens: Natürlich gibt es keine Piraten mehr auf Segelschiffen. Ich war ja auch der letzte meiner Art.« Herr Schnarrenberger grinste Greta an. »Und zweitens: Ich kenn mich sehr wohl mit Kapern aus. Schau mal hier.« In diesem Moment holte er eine Dose aus der Einkaufstüte, die er gerade ausräumte, und hielt sie Greta unter die Nase.

»Was ist das?«, fragte Greta.

»Behaupte noch einmal, dass ich mich nicht mit Kapern auskenne.«

»Haben Sie die Dose geklaut?«, wollte Leo wissen.

»Nein, ihr Ahnungslosen, das hier sind die besten Kapern, die man für Gold bekommen kann.« Wieder lachte er laut über seinen eigenen Witz.

»Ich mag keine Kapern«, sagte Ole, der sich mittlerweile auch wieder gefasst hatte.

»Nicht, dass es mir wichtig wäre, aber wie könnte ich euch denn beweisen, dass ich früher mal Pirat war? Na?«, fragte Herr Schnarrenberger.

Die Kinder überlegten und zuckten mit den Schultern.

»Ich weiß es. Ich erzähle euch die fantastische Geschichte von Jolly Rogers Mutter. Jolly Roger ist ein direkter Nachfahre des Vogels meines Großvaters, der seinerzeit selbst ein gefürchteter Pirat war.«

»Papagei, Mamagei«, krächzte Jolly Roger, der immer noch auf der Schulter von Herrn Schnarrenberger saß, was ihn in der Tat sehr wie einen Piraten aussehen ließ. Wie einen alten Piraten, der gerade seine Einkäufe aus dem Supermarkt nach Hause gebracht hatte und ein bisschen müde aussah.

34

Papageienmama

Ein Pirat muss schweigen können, schweigen wie ein Grab. Das ist besonders dann wichtig, wenn ein Pirat gefangen wurde und erzählen soll, wo er seine Schätze versteckt hat. Schweigen ist auch dann sehr wichtig, wenn sich ein Pirat an ein fremdes Schiff anschleicht, das er entern und übernehmen will.

Warum ist das wichtig? Auf Schiffen, für die sich Piraten interessieren, weil sie vollbeladen sind mit Gold und Edelsteinen, laufen viele Wachen herum, die aufpassen, dass ihr Schiff nicht von Piraten überfallen wird. Je überraschender ein Piratenangriff ist – Buh! Da sind wir! –, desto größer ist die Chance, dass er gelingt. Wenn aber die Schiffswachen schon von Weitem hören, dass sich Piraten nähern, weil die ihren Mund nicht halten können und ständig quatschen müssen, dann könnten die Piraten auch gleich vorher einen Brief schreiben, anrufen oder eine Nachricht schicken, um ihren Angriff anzukündigen.

Je eher die Wachen mitbekommen, dass sie überfallen werden, desto besser können sie sich auf den Angriff vorbereiten und ihn vereiteln. Das sieht dann meistens so aus, dass die Piraten mitsamt ihren Plänen über Bord gehen und ins Wasser fallen. Keine Piratenmannschaft auf der Welt findet das besonders reizvoll. Deshalb lautet die oberste Regel bei Angriffen: Mund halten und leise sein!

Genau das war das Problem von Kapitän Huppeknack, dem Großvater von Herrn Schnarrenberger. Er liebte es, zu reden. Er redete auch dann, wenn er nichts zu sagen hatte. Er redete auf Deck, er redete unter Deck, er redete, wenn er aß, er redete wenn er auf der Toilette saß, er redete sogar im Schlaf. Und natürlich fiel es ihm nicht leicht, bei Überraschungsangriffen still zu sein. Deshalb redete er auch dann.

So kam es, dass alle Schleichangriffe, solange sie nicht bei Sturm stattfanden, wenn der Wind lauter heulte, als Kapitän Huppeknack reden konnte, scheiterten. Damit machte Kapitän Huppeknack seine Mannschaft wirklich wütend. Deshalb meuterten sie. Sie packten ein bisschen Proviant zusammen und setzten ihren Kapitän auf einer einsamen Karibikinsel aus.

»Das könnt ihr doch nicht machen!«, rief er ihnen so lange hinterher, bis das große Piratenschiff nur noch ein kleiner Punkt am Horizont war.

Auf der Insel gab es zwar frisches Wasser und auch jede Menge essbare Pflanzen, sodass Kapitän Huppeknack auch dann nicht dursten und hungern musste, nachdem sein Proviant aufgebraucht war. Aber abgesehen von einem einzigen Papagei, der irgendwann mal von einem Sturm auf die Insel geweht worden war, hatte Kapitän Huppeknack keine Gesellschaft. Das war sehr langweilig. Was blieb ihm anderes übrig, als mit sich selbst zu reden? Denn reden konnte er ja sehr gut. Und so redete er mit sich selbst und wartete auf Rettung. Und er redete und wartete. Er redete, wartete. Redete – und auf einmal hörte er eine Stimme. Es klang, als würde sie zu ihm sprechen. Kapitän Huppeknack suchte die ganze Insel ab, er ging einmal um sie herum, aber weit und breit gab es keinen anderen Menschen außer ihm. Nur die Stimme war da und sprach zu ihm.

Kapitän Huppeknack war ein Mann, der viel in der Welt herumgekommen war. Er kannte die höchsten Berge der Erde und wusste, dass es dort Echos gab. Deshalb vermutete er, die Stimme wäre ein Echo, weil sie in der ersten Zeit genau das sagte, was er gesagt hatte. Dann aber wurde die Stimme eigensinnig und wiederholte nicht mehr nur das, was er sprach. Weil Kapitän Huppeknack in den heißen Sandwüsten Afrikas schon so manche Fata Morgana gesehen hatte, vermutete er, dass die Stimme vielleicht auch so eine Art Erscheinung sei. Eine Fata Morgana für die Ohren. Aber als die Stimme begann, auf Fragen von Kapitän Huppeknack zu antworten und mit ihm zu reden, wusste er, dass die Stimme nicht von weit her kommen konnte. Wer immer mit ihm redete, musste ihn hören, sonst hätte die

Stimme ja nicht auf seine Fragen antworten können. Huppeknack dachte schon, er würde vielleicht verrückt werden und sich die Stimme nur einbilden. Aber nein, er konnte sie ganz deutlich hören. Diese Stimme machte ihn total unruhig.

Eines Abends saß er am Lagerfeuer und redete mit sich selbst, als die Stimme wieder anfing, mit ihm zu sprechen. Der Kapitän stand auf, streckte die Arme aus und rief: »Wer immer auch mit mir redet, zeige er sich endlich. Bitte.« Denn er war ein höflicher Kapitän.

Aber kein Mensch trat aus der Dunkelheit in den Lichtschein des Lagerfeuers und gab sich zu erkennen. Der Einzige, der kam, war der Papagei, der in der langen Zeit, die die beiden auf der Insel gelebt hatten, schon sehr zutraulich geworden war. Er setzte sich auf den ausgestreckten Arm von Kapitän Huppeknack. Die beiden schauten sich in die Augen.

Und dann ertönte wieder diese Stimme. Sie fragte den Kapitän: »Wie geht es dir jetzt?« Und Huppeknack verstand, wer mit ihm die ganzen Wochen gesprochen hatte: Es war der Papagei. Das war eine Überraschung!

Denn dass Papageien Menschen so perfekt nachahmen konnten, davon hatte Kapitän Huppeknack keine Ahnung.

Die beiden wichen einander nicht mehr von der Seite und wurden die allerbesten Freunde. Sie blieben auch dann noch zusammen, als die Mannschaft des Kapitäns zurückkam, um ihren Anführer wieder von der Insel zu holen. Denn auch Piraten können ein schlechtes Gewissen haben.

35

Hallenschiff

Greta, Leo und Ole standen mit Herrn Schnarrenberger in seiner Küche. Gerade hatte er die Geschichte von Jolly Rogers Papageienmama zu Ende erzählt. Greta sagte zu ihm: »Das ist eine schöne Geschichte. Aber das bedeutet noch lange nicht, dass Sie wirklich mal ein Pirat waren.«

Herr Schnarrenberger zuckte mit den Schultern und merkte, dass Jolly Roger, sein Papagei, gar nicht mehr dort saß.

»Wo ist er hingeflogen?«, fragte Leo.

»Wahrscheinlich zu seinem Schlafplatz. Wollt ihr den mal sehen?«

»Ja«, riefen alle und gingen Herrn Schnarrenberger hinterher. Sie liefen durch den langen holzvertäfelten Flur, der sie nun noch viel mehr an das Innere eines Piratenschiffs erinnerte, bogen einmal nach links ab, gingen ein paar Stufen hinauf und wieder hinunter.

»Das hier ist der Verbindungsgang zu meinem kleinen Lagerhaus nebenan. Na ja, eigentlich ist es gar nicht so klein.«

Die Lagerhalle hatten sie schon oft von außen gesehen. Herr Schnarrenberger besaß das größte Grundstück im Erikaweg, und direkt neben seinem Wohnhaus stand, seit die Kinder denken konnten, eine riesige Halle. Sie hatte zwar Fenster, aber die Spinnweben und der Dreck waren wie Vorhänge, und die Außenwände so mit wildem Wein und Efeu überwuchert, dass man nicht in die Halle hineinschauen konnte. Deshalb waren Greta, Leo und Ole sehr gespannt, was sie dort erwarten würde.

Als sie die Lagerhalle erreicht hatten, konnten sie so gut wie nichts erkennen, weil kaum Licht durch die zugestaubten Fenster drang. Herr Schnarrenberger schaltete die Lampen an. Die Lagerhalle wirkte innen viel größer als von außen. Das lag vor allem an dem riesigen Becken, das sich fast über die ganze Fläche der Halle erstreckte. Dadurch sah die Halle aus wie ein riesiges Schwimmbad, nur statt Wasser war es mit tausenden Bällen aller Art gefüllt. Einige der Bälle erkannten die Kinder sofort wieder.

»Da ist ja der Fußball, den wir zu unserem sechsten Geburtstag geschenkt bekommen haben«, riefen Leo und Ole.

»Mein Glitzerball ist da! Alle Bälle, die wir jemals auf ihr Grundstück geschossen haben – sie sind alle hier!« Greta konnte es nicht fassen.

»Ja, das ist wohl richtig«, gab Herr Schnarrenberger leise zu.

Aber noch viel bemerkenswerter als die Halle und das Becken war das, was auf dem Meer aus Bällen schwamm, wie auf einer weichen Gummimatte gut geschützt vor dem harten Beckenrand: ein riesiges, altes Piratenschiff mit Totenkopfflagge am Bug. Es sah noch sehr gut in Schuss aus.

»Das ist meine Rosalie«, sagte Herr Schnarrenberger, »sie könnte jederzeit wieder in See stechen. Durch die Bälle liegt sie sehr weich im Becken, das schont das Holz.«

Dann folgten sie Herrn Schnarrenberger über einen Steg auf das Schiff. Es roch nach altem Holz und Harz. Die Rosalie war ein prächtiges Schiff mit drei Masten, zehn Segeln und zwanzig schwarzen Kanonenrohren auf dem Kanonendeck. Sie schwankte sanft auf den Gummibällen hin und her. Herr Schnarrenberger zeigte ihnen das gesamte Schiff, von der Ankerkette vorne bis hinten zum Steuerrad.

»Das ist das schönste Schiff, das ich je gesehen habe«, sagte Greta.

Jolly Roger kam vom Ausguck im mittleren Mast angeflogen. Das war sein Schlafplatz. Er setzte sich auf die Schulter von Herrn Schnarrenberger und krächzte: »Ahoi, Kapitän.«

Von da an hatten die Kinder aus dem Erikaweg keine Zweifel mehr, dass Kapitän Schnarrenberger ein echter Pirat war.

36

Zwickmühlenkreuzung

Greta, Paul und Mama saßen im Auto und waren auf dem Weg nach Hause. Mama fuhr, Greta und Paul schauten von den Rücksitzen aus dem Fenster. Paul winkte allen Leuten am Straßenrand. Sein Unterarm zeigte nach oben, sein Handrücken zu den Menschen auf der Straße, und dann knickte er seine Hand immer wieder ganz leicht im Handgelenk ab. Es sah aus, als würde er sich selbst Luft zuwedeln.

»Was machst du denn da?«, fragte Greta.

»Das siehst du doch. Ich winke.«

»Ja, das seh ich. Aber du winkst so komisch. So macht das doch kein Mensch.«

»Du hast keine Ahnung«, sagte Paul und schaute dabei weiter freundlich nach draußen zu den Menschen am Straßenrand. »Die Königin von England winkt genau so wie ich. Hallo!«, rief er zu einer älteren Dame, die mit ihrem Dackel Gassi ging. Die Frau schaute auf, lächelte und machte einen kleinen Knicks. »Siehst du, die Leute knicksen sogar vor mir. Und verbeugen sich. Weil ich so königlich winke.«

Greta lachte. »Die Frau macht keinen Knicks, die hebt das Häufchen von ihrem Hund auf.«

Tatsächlich. In ihrer Hand hielt die ältere Dame ein kleines Plastiktütchen, mit dem sie alles aufhob, was ihr Dackel auf den Gehweg gepackt hatte. Davon ließ sich Paul aber nicht beeindrucken und winkte weiter. Immerhin hatte die Frau ihn angelächelt.

»Paul, weißt du eigentlich, wo die Nougat-Creme herkommt, die du so gern zum Frühstück isst?«, fragte Greta – und zeigte auf das Tütchen, das die ältere Dame in der Hand hielt. »Alle älteren Herrschaften in der Stadt und deren Hunde sorgen mit viel Liebe dafür, dass du zum Frühstück so was Leckeres essen kannst.« Sie grinste. »Die Häufchen werden gesammelt, zu einer Fabrik gebracht und dort zu einem köstlichen braunen Brotaufstrich verarbeitet.« Es gelang Greta sehr überzeugend, so zu klingen, als wäre sie die Stimme einer Radiowerbung.

»Das ist eklig, Greta«, rief Mama nach hinten.

»Ja, und die Reste landen in den Schokoeiern, die es zu Ostern gibt«, sagte Paul und grinste breit.

»Kinder, hört auf, mir wird ganz schlecht.« Mama schaute im Rückspiegel zu Greta und Paul.

»Und die ganz feinen Stücke gibt es als Pralinen zum Hochzeitstag.« Greta konnte den Satz vor lauter Prusten kaum zu Ende bringen.

Paul spitzte seinen Mund und sagte mit verstellter Stimme: »Mmh, köstlich, vielen Dank, mein Schatz.«

Dann wieherten beide vor Lachen wie zwei kleine Ponys.

»Ihr seid fürchterlich«. Obwohl Mama ein bisschen übel wurde, musste sie doch ein wenig schmunzeln.

»Rede ich wirklich so, wenn ich Pralinen geschenkt bekomme?«

»Nein, Mama«, sagten die Kinder wie aus einem Mund. »Natürlich nicht.« Und sie lachten noch mehr, weil sie genau das Gegenteil meinten und sich freuten, dass sie ihre Mama so auf den Arm nehmen konnten.

»So, wir sind zu Hause«, sagte Mama und trat auf die Bremse. Die Kinder sahen sich erstaunt an. Sie waren immer noch mitten in der Stadt.

»Ist bei dir alles in Ordnung, Mama?«, fragte Greta leicht besorgt.

»Tja, ich kann euch auch auf den Arm nehmen.« Sie grinste nach hinten zu ihren Kindern. »Wir sind natürlich noch nicht zu Hause. Aber die Ampel ist rot, deshalb geht es gerade nicht weiter.«

Vor dem Auto der Sonnenbergs standen noch drei Kleinwagen und ein Kranfahrzeug, die auch alle darauf warteten, dass es wieder grün wurde. Die ersten beiden wollten links abbiegen und blinkten schon. Auf der gegenüberliegenden Seite standen ein Bus, ein Lieferwagen und drei kleinere Autos. Es war viel los in der Stadt, die meisten hatten Feierabend und wollten nach Hause. Aus den Straßen links und rechts fuhren jede Menge Autos und Motorräder über die Kreuzung.

Als auch die Straßenbahn über die Kreuzung gefahren war, wurde die Ampel der fahrenden Autos rot, und die Ampel, an der Greta, Paul und Mama standen, wechselte zu grün. Der Bus von gegenüber fuhr los, über die Schienen der Straßenbahn. Dann wartete er in der Mitte der Kreuzung, weil er links abbiegen wollte. Aber der Fahrer des ersten Wagens in der Schlange, in der auch die Sonnenbergs standen, hatte den Motor seines Autos abgewürgt und versuchte ganz hektisch, ihn wieder zu starten. Der Fahrer hinter ihm gab mit einem lauten Hupkonzert zu verstehen, dass ihm das alles viel zu langsam ging.

»Wer hupt, hat unrecht«, sagte Mama.

»Außer wenn wir hupen«, meinte Paul.

Mama schaute über den Spiegel zu Paul, zog die Augenbrauen hoch und sagte: »Äh, genau.«

»Hupen, Mama! Damit die Leute wissen, dass wir auch hier sind«, rief Paul. Aber Mama bewahrte die Ruhe.

Die Fahrzeuge hinter dem Bus waren schon aufgerückt und warteten darauf, dass der Bus endlich abbog, damit sie weiter geradeaus fahren konnten. Da hatte der Mann im ersten Auto den Motor wieder gestartet und machte einen Satz nach vorne in die Mitte der Kreuzung über die Bahngleise. Dort hielt er an. Denn er wollte auch links abbiegen, aber das ging nicht, weil ihm der Bus und die Wagen hinter dem Bus den Weg versperrten. Das aber hatten die anderen Autofahrer nicht gesehen und fuhren einfach munter in die Kreuzung, weil sie es so gewohnt waren, dass der Verkehr fließt, sobald die Ampel grün wurde.

Nur leider floss gar nichts mehr. Der Bus konnte nicht links abbiegen, weil die Autoschlange, in der auch die Sonnenbergs standen, ihm den Weg versperrte. Die Schlange konnte sich nicht auflösen, weil die ersten beiden Autos auch links abbiegen wollten, aber nicht weiterkamen, weil der Bus ihnen den Weg versperrte. Der Bus konnte aber keinen Platz machen, weil er nicht abbiegen konnte, weil die anderen Linksabbieger nicht von der Kreuzung fahren konnte, weil der Bus ihnen den Weg versperrte, weil die Autos ihm den Weg versperrten, weil der Bus ihnen den Weg versperrte, weil –

»Mir wird ganz schwindelig, wenn ich das so sehe«, sagte Paul.

Und hinter ihnen kamen immer mehr Autos an und machten die Schlange länger. Und hinter dem Bus fuhren auch immer mehr Autos in die Schlange. Als die Ampel wieder rot wurde, sahen die Autos auf der Kreuzung aus wie ein riesiges Wollknäuel, nachdem eine Katze damit gespielt hatte. Nur dass das Knäuel nicht aus Wolle, sondern aus Autoblech war. Es ging weder vor noch zurück. Und die Autos von links und von rechts, die nun grün hatten, fuhren auch in die Kreuzung und hupten. Wahrscheinlich dachten sie, dass man mit Hupen den Knoten in der Kreuzung lösen könnte. Aber jeder, der schon mal verknotete Schnürsenkel angebrüllt hat – »Geht auf!« –, weiß natürlich, dass das nicht funktioniert.

Die Ampel wechselte wieder, aber das machte inzwischen keinen Unterschied mehr. Auch die Fußgänger konnten die Fahrbahn nicht überqueren, weil die Autos keine Lücke mehr gelassen hatten. Die ersten Fahrer stiegen aus und sahen sich an, was sie da Schönes angestellt hatten.

Aus dem hinteren Teil der Autoschlange rief jemand: »Sie haben wohl ihren Führerschein im Lotto gewonnen.« Und vom anderen Ende der Kreuzung schallte ein »Wo ist denn die Polizei, wenn man sie mal braucht« herüber. »Hier«, kam die Antwort von weiter hinten, wo ein Streifenwagen stand, der sich aber auch nicht weiterbewegen konnte. Alle steckten fest.

»Dürfen wir heute im Auto schlafen?«, fragte Paul und strahlte voller Vorfreude.

»Nein«, antwortete Mama, »das wird sich bestimmt gleich alles auflösen.« Sie wollte die Tür öffnen, um auch auszusteigen, aber ein anderes Auto stand so nah neben ihrem, dass sie die Tür nicht aufbekam.

Greta sagte: »Mach mal das Schiebedach auf, Mama!«

Mama öffnete das Fenster im Dach und Greta kletterte nach draußen. Sie stellte sich auf das Auto und hatte von dort einen sehr guten Überblick. Und dann hatte sie eine Idee. Vom Dach sprang sie auf die Motorhaube

und kletterte von da auf das hintere Ende des Kranfahrzeugs, das vor ihnen stand. Da hangelte sie sich an der Seite entlang – glücklicherweise gab es dort überall kleine Haltegriffe –, bis sie zum Fahrerhäuschen kam. Dort klopfte sie höflich an und blickte in das erstaunte Gesicht von Dietmar. So stand es auf dem Namensschild hinter der Windschutzscheibe.

»Ja, bitte«, sagte Dietmar.

»Hallo, ich heiße Greta, und wir stecken zusammen im Stau.«

»Das habe ich auch schon gesehen.«

»Es würde bestimmt weitergehen, wenn es vor uns eine kleine Lücke gäbe, durch die der Bus fahren könnte.«

Dietmar nickte. Greta blinzelte ihn an und lächelte. Dietmar wusste nicht genau, was Greta ihm damit sagen wollte, deshalb fragte er: »Was willst du mir damit sagen?«

»Du hast doch einen Kran dabei.«

Bei Dietmar fiel der Groschen, er strahlte Greta an: »Mädchen, Greta, das ist die Idee!«

Während Dietmar den Kran vorbereitete, kletterte Greta zum Auto, das vor dem Kranwagen stand. »Hallo, ich heiße Greta, und wir stecken zusammen im Stau«, stellte sie sich dem Fahrer vor.

»Mein Name ist Gruber, angenehm«, antwortete er. Greta erklärte Herrn Gruber, dass Dietmar, der Kranwagenfahrer, sein Auto in die Luft heben könnte, damit der Bus Platz hätte, um von der Kreuzung zu fahren.

»Das heißt, ich muss nicht hier im Auto übernachten?« Herr Gruber zog seine Mundwinkel entspannt nach oben. »Das freut mich aber.« Er kletterte aus dem Fenster seines Autos, hüpfte auf die Fahrbahn und winkte herüber zu Dietmar, der schon auf den Steuersitz des Krans geklettert war.

»Wenn Sie mir ein Handzeichen geben könnten, wenn ich mit meinem Kran über Ihrem Auto bin, wäre das ganz großartig«, rief Dietmar.

Herr Gruber nickte und streckte seinen Daumen nach oben.

Dietmar steuerte den Kran über das Auto von Herrn Gruber und ließ ihn langsam herunter. Der große schwere Haken schwang über dem Autodach hin und her. Herr Gruber griff nach dem Haken und hob ab. Denn natürlich war der Kranhaken viel zu schwer, als dass ein einzelner Mann ihn hätte stoppen können. Herr Gruber erschrak, als er durch die Luft fegte und jodelte erschrocken wie Tarzan, der an den Lianen durch den Dschungel schwang. Greta kam es so vor, als riefe Herr Gruber »Ponys! Ich mag Ponys! Ich geb's zu. Und Einhörner auch!« Aber vielleicht hatte sie sich auch verhört, denn es war ja sehr laut auf der Kreuzung.

Als Herr Gruber ein paar Mal hin und her geschwungen war, kam der Kran endlich zur Ruhe und schwebte direkt über dem Dach von Herrn Grubers Auto. Dietmar kam dazu und zusammen mit Greta befestigten sie den Wagen von Herrn Gruber mit starken Seilen am Kran. Dann zog Dietmar langsam das Auto hoch. Am Ende schwebte der Wagen fünf Meter über der Straße. Und unter dem Auto war jetzt eine Lücke. Ob der Bus da durch passte? Der Busfahrer fuhr langsam an und steuerte seinen Bus vorsichtig durch die Lücke. Die Passagiere im Bus, die Fußgänger auf dem Bürgersteig, die Autofahrer auf der Straße, Dietmar, Herr Gruber und Greta, sie alle hielten den Atem an. Links und rechts vom Bus war kaum ein Fingerbreit Platz. Der Busfahrer streckte vor Anspannung seine Zunge raus und schaute abwechselnd auf die Seitenspiegel und nach vorne auf die Straße. Zentimeter um Zentimeter bewegte er seinen Bus durch die Autolücke – und fuhr mit einem tiefen Ausatmen endlich über die Kreuzung. Die Passagiere applaudierten laut und jubelten. Die Menschen auf der Straße und dem Gehweg sprangen vor Begeisterung in die Luft. Ein Jubelsturm brach los. Alle freuten sich, dass sich das Stauknäuel nun auflösen würde. Während der Busfahrer an Greta vorbeifuhr, rief er durch die offene Eingangstüre: »Toll gemacht, Kleines!«

Dietmar setzte das Auto von Herrn Gruber zurück auf die Straße. Als alle davonfuhren und sich der Stau auflöste, hupten die Leute zum Dank lang und laut.

Auch Mama drückte auf die Hupe und meinte: »Alle, die gerade gehupt haben, haben recht! Das habt ihr toll gemacht, Dietmar und du.«

Und trotz der ganzen Aufregung und der lauten Huperei war Paul inzwischen eingeschlafen. Im Auto.

37

Vorgartenwunder

Die Sonnenbergs hatten zwei Gärten: einen Garten hinterm Haus, der so groß war, dass sogar eine kleine Achterbahn dort hin passte. Und sie hatten einen Vorgarten. Der war viel kleiner als der hintere Garten und längst nicht so wild bewachsen. Wenn man die Sonnenbergs besuchen wollte, musste man durch den Vorgarten auf einem schmalen Weg gehen, der zwei sanfte Kurven machte, dann stieg man die drei Stufen der kleinen Treppe zur Haustür hinauf und klingelte.

Genauso machte es auch Herr Feustedeus, der Briefträger, wenn er, so wie heute, ein Paket für die Sonnenbergs hatte. Niemand öffnete. Also klingelte Herr Feustedeus noch einmal und wartete. Geduldig. Innerlich trank er eine Tasse Tee. »Abwarten und Tee trinken«, sagte er sich immer. Gerade wollte er zum dritten und letzten Mal klingeln, da wurde die Tür geöffnet.

»Hallo, Herr Feustedeus. Warten Sie schon lange?«, fragte Greta. »Ich hatte Musik an und hab das Klingeln nicht sofort gehört.«

»Guten Tag, Greta«, sagte Herr Feustedeus. »Alles dauert so lange, wie es dauert. Das Gras wächst nicht schneller, wenn man daran zieht.«

»Äh, ja«, antwortete Greta langsam. Sie verstand nicht immer sofort, was Herr Feustedeus sagte, und musste manchmal sehr lange über seine Sätze nachdenken. Wenn sie dann aber verstanden hatte, was er meinte, fühlte es sich so an, als hätte sie ein Überraschungspaket geschenkt bekommen, und freute sich.

»Ich habe hier ein Paket für deinen Vater. Würdest du es annehmen?«

»Klar doch«, antwortete Greta. Herr Feustedeus stellte das Paket neben

der Tür ab, zückte mit einer zackigen Handbewegung den kleinen Computer und einen Stift und ließ Greta auf dem Display unterschreiben.

»Besten Dank. Und ich wünsche noch einen schönen Tag«, verabschiedete sich Herr Feustedeus, ging den Weg durch den Vorgarten zurück zu seinem Lieferwagen und fuhr weiter.

Greta winkte und ging wieder ins Haus. Das Paket hatte sie dummerweise draußen neben der Tür vergessen.

Dann zogen dicke, dunkle Wolken auf. Zuerst tröpfelte es nur, dann legte der Wind los, und mit ihm kam so ein starker Regen, dass man den Erikaweg auch gut mit einem Schlauchboot hätte runterfahren können. Inklusive Stromschnellen. Der Wind peitschte den Regen gegen die Hauswand der Sonnenbergs, und das Wasser klatschte nur so auf das Paket, das immer noch neben der Tür stand. Die Pappe weichte langsam auf und wurde weggespült. Dann nahm sich der Regen den Inhalt des Pakets vor. Es war ein rot-grünes Pulver, das sich im Regenwasser auflöste und sich in einem kleinen Wasserfall die Treppen runter in den Vorgarten ergoss. Dort verteilte es sich und sickerte in den Boden. Als das ganze Pulver verschwunden war, hörte der Regen auf und die Sonne zeigte sich wieder.

Kurz vor dem Abendbrot kam Gretas Papa nach Hause. Er ging durch den Vorgarten, der wegen des Regens zu einer Matschgrube geworden war, und sah die Überreste des Pakets neben der Haustür liegen. Er bückte sich, las den Absender und stöhnte: »Och, nö!« Dann öffnete er die Tür, rief »Ich bin zu Hause, wer noch?« und ging rein.

»Irgendjemand hat das Paket an mich draußen im Regen stehen lassen«, sagte er beim Abendbrot. Greta wurde ein bisschen blass.

»Das war ich«, sagte sie kleinlaut. »Ist das sehr schlimm?«

»Allerhöchstens sehr schade. Ich hatte mir für den Garten bei einer Gärtnerei einen Superdünger bestellt, der immer ausverkauft ist, weil er so gut sein soll. Tja, dann bleibt unser Vorgarten fürs Erste wohl so matschig und kahl wie bisher. Denn vom Paket – genauer gesagt vom Dünger – hat der Regen nichts mehr übrig gelassen.«

»Das tut mir total leid«, sagte Greta mit schlechtem Gewissen und sie überlegte sich, wie sie das wiedergutmachen könnte.

Am nächsten Morgen wartete eine große Überraschung auf Papa Sonnenberg. Er stand als Erster auf, weil er einen frühen Arbeitstermin hatte, und verließ auch als Erster das Haus. Oder besser gesagt: Er versuchte, es zu verlassen. Denn als er die Haustür öffnete, stand er nicht an der Treppe zum Vorgarten, sondern mitten in einem dicht bewachsenen Dschungel. Gräser, die so hoch waren wie das Haus der Sonnenbergs, wehten im Wind. Blumen mit Blüten in der Größe von Wagenrädern schwankten sanft im Sonnenlicht hin und her. Vor lauter Grün konnte Papa Sonnenberg nicht einmal den Weg durch den Vorgarten sehen.

Er blieb wie angewurzelt stehen und rief: »Anna, Greta, Paul! Kommt ihr mal?«

Die ganze Familie kam angelaufen. »Könntet ihr mich mal kneifen? Ich glaube, ich schlafe noch.«

»Gerne, Papa«, sagte Paul und kniff ihn so feste in den Arm, dass Papa laut aufschreien musste.

»Der Urwald ist immer noch da«, sagte er.

Greta klatschte vor Freude in die Hände. Sie musste sich nichts mehr überlegen, wie sie das vergessene Paket wiedergutmachen konnte, denn genauso war es ja geplant gewesen. Mehr oder weniger. Der Vorgarten sollte grüner werden, und das war er jetzt wirklich.

»Wenn Herr Feustedeus das nächste Mal kommt, wird er Augen machen«, sagte Greta. »Er hat gemeint, dass das Gras nicht schneller wächst, wenn man daran zieht. Und das stimmt. Man muss das richtige Pulver nehmen, dann klappt es.«

Und während die Familie noch über den üppigen Vorgarten staunte, flog ein Schmetterling über sie hinweg, der größer war als ihre Haustür.

38

Schwerkraftfehler

Paul hatte Langeweile. Papa war einkaufen, Mama telefonierte und Greta lag auf dem Sofa und las. Paul setzte sich zu ihr. Er sagte nichts, er guckte nur. Greta bemerkte ihn gar nicht, so sehr war sie in ihr Buch versunken.

Dann fragte Paul: »Was liest du da?«

»Ein Buch über Schwerkraft.«

»Was ist Schwerkraft?«, wollte Paul wissen.

Greta antwortete nicht sofort, weil sie den Satz erst noch zu Ende lesen wollte.

»Gibt es auch Leichtkraft?«, fragte Paul weiter.

Greta legte ihren Finger als Leseszeichen auf die Seiten und klappte das Buch zusammen. »Mann, Paul, ich lese. Das hier ist Schwerkraft.«

Und dann nahm sie ein Kissen vom Sofa, hielt es am ausgestreckten Arm in die Luft und ließ es los. Das Kissen fiel nach unten auf das Sofa. »Schwerkraft sorgt dafür, dass wir nicht einfach so in die Luft schweben, sondern dass wir immer am Boden bleiben. Oder wenn wir fliegen, immer wieder auf den Boden zurückfallen in Richtung Erde. Und jetzt geh spielen, ich will weiterlesen.«

»Gibt es Schwerkraft überall auf der Welt?«, wollte Paul wissen.

Greta murmelte, ohne von ihrem Buch hochzuschauen: »Weiß nicht, so weit bin ich noch nicht.« Dann sagte sie nichts mehr.

Paul nahm sich das Kissen, das Greta eben noch aufs Sofa fallen gelassen hatte, hielt es hoch in die Luft und ließ los. »Also hier«, dachte er, »funktioniert die Schwerkraft ganz gut.«

»Geh woanders spielen«, grummelte Greta.

Paul stand auf und schlenderte gemächlich zum Bücherregal. Er zog ein großes schweres Buch aus dem Regal und hielt es einen Moment lang vor dem Regalboden in der Luft fest. Dann ließ er es los, und das Buch fiel mit einem lauten Schlag auf den Boden.

»Mit dem schweren Buch funktioniert die Schwerkraft.« Dann suchte er sich ein dünnes leichtes Buch, zog das heraus und ließ es los. »Auch mit den leichten Büchern klappt es.«

Paul schaute sich um und überlegte, mit was er sonst noch alles die Schwerkraft testen könnte. Weil er nichts zu tun hatte und ihm langweilig war, dachte er sich, er könnte doch eine Schwerkraftkarte ihres Hauses machen. So wie er es mal bei einem Film über Höhlenforscher gesehen hatte. Die krabbelten durch eine Höhle und zeichneten eine genaue Karte, auf der man sah, wo es welche Gänge und Räume gab. Vielleicht konnte Paul irgendwo im Haus eine Stelle finden, an der die Schwerkraft nicht funktionierte. Das wäre toll, dann könnte er dort Dinge schweben lassen und vielleicht eine Zauberaufführung veranstalten. Alle Zuschauer würden sich wundern und fragen, wie dieser kleine Junge einfach so Sachen schweben lassen konnte. Und nur er würde wissen, dass es kein Trick, sondern einfach nur fehlende Schwerkraft wäre. Paul grinste und freute sich, dass er endlich etwas gegen seine Langeweile gefunden hatte.

Er besorgte sich einen Stift und Papier und begann, eine Karte aller Zimmer im Haus zu zeichnen. Zwischendurch hielt er den Stift in die Luft und ließ ihn fallen. »Schwerkraft funktioniert«, murmelte er und zeichnete die Stelle auf seiner Karte ein.

In seinem eigenen Zimmer ließ er eine Handvoll Murmeln auf die Schwerkraft los. Funktionierte. Im Flur fand er einen Stapel Fußballsammelkarten. Er hob sie in die Luft und ließ los. Die Schwerkraft funktionierte. Im Wohnzimmer zog er einige Blumen aus einer Vase, hielt sie hoch und ließ sie los. Auch hier arbeitete die Schwerkraft wie erwartet. Im Schlafzimmer seiner Eltern kletterte er auf das gemachte Bett, knüllte die Decken zu einer großen weichen Kugel, hielt sie in die Luft und ließ los. Kein Problem für die Schwerkraft. Im Esszimmer hob er Mausi hoch,

die es sich auf dem Tisch gemütlich gemacht hatte, und ließ sie los. Mausi wusste nicht so recht, was ihr passierte, miaute empört, als sie auf ihren Füßen landete und verzog sich.

So ging Paul von Raum zu Raum und hinterließ mit einem Krachen und Plonken, einem Plumpsen und Klirren eine kleine Spur der Verwüstung. In der Küche, in der Pauls Mutter inzwischen das Essen vorbereitete, nahm er ein Trinkglas aus dem Schrank, hielt das Glas in die Luft und –

»Was machst du da?«, wollte Mama wissen.

Paul schaute sie an, ließ das Glas los und – klirrkrach – sagte: »Ich teste im ganzen Haus, ob die Schwerkraft funktioniert.« Er nahm sein Papier und machte einen Haken an der Stelle, wo er die Küche eingezeichnet hatte. »Klappt ganz zuverlässig«, sagte er.

Mama konnte nicht glauben, was sie gerade gesehen hatte. »Sag mal, spinnst du?«

»Nein, das wüsste ich«, erwiderte Paul. Und verließ die Küche.

»Hey, du musst wenigstens die Scherben wegräumen«, rief ihm Mama hinterher. Paul kam zurück, fegte mit dem Handfeger die Scherben zusammen und ließ sie in den Mülleimer fallen. Dann markierte er die Stelle vom Müll auf seiner Karte und murmelte: »Hier geht's auch.«

»Hier geht gleich gar nichts mehr. Da reden wir noch drüber«, sagte Mama, aber Paul war schon längst im Flur.

Dort nahm er den Schlüssel in die Hand, überlegte, wo wohl eine gute Stelle sei, hielt den Schlüssel hoch und ließ los. Der Schlüsselbund war schwer und – nein, er schepperte nicht laut auf den Fußboden, sondern blieb einfach in der Luft schweben. Paul strahlte. Hier also funktionierte die Schwerkraft nicht. Er markierte die Stelle in seiner Karte, nahm den Schlüsselbund aus der Luft und überlegte. Er schaute nach rechts, er schaute nach links, niemand außer ihm war da, also konnte er es wagen. Er stellte sich genau an die Stelle, an der eben noch der Schlüsselbund schwerelos schwebte, ging kurz in die Knie und sprang mit einem kräftigen Satz in die Luft. Dann passierte das Unglaubliche: Paul stieg höher und höher, bis er an die Decke stieß.

Da lag er dann, lang gestreckt an der Zimmerdecke, rollte sich hin und her, aber kam nicht mehr runter. »Wenigstens«, dachte er sich, »ist mir nicht mehr langweilig.«

39

Deckenpaul

Greta, Papa und Mama standen im Flur und schauten an die Zimmerdecke. Greta zwirbelte eine ihrer Haarsträhnen, Papa strich sich übers Kinn und Mama rieb sich mit zwei Fingern ihr Ohrläppchen. So sah es aus, wenn die drei versuchten, zu verstehen, was gerade passiert war. Paul klebte an der Decke und kam nicht mehr runter.

»Ich sag's euch doch«, sagte Paul, »es liegt an der Schwerkraft. Normalerweise ist es so, dass alles nach unten Richtung Boden gezogen wird.«

»Da hat er recht«, nickte Greta und hielt das Buch hoch, das sie bis gerade eben noch gelesen hatte: »Schwerkraft – leicht gemacht«.

»Lass mal sehen«, sagte Papa, nahm sich das Buch und blätterte ziellos darin herum. »Da muss doch dann auch drinstehen, wie man den Jungen wieder runterbekommt.«

»Hast du Hunger? Möchtest du etwas trinken?«, rief Mama zu Paul nach oben an die Decke.

»Ein warmer Kakao wäre ganz schön. Aber mit Strohhalm«, sagte Paul.

»Ist gut, mein Schatz.« Mama ging in die Küche, um für Paul einen warmen Kakao zu machen. So konnte sie wenigstens etwas tun, denn eine Lösung für Pauls Lage hatte auch sie nicht.

Paul fand gar nicht so schlimm, was ihm passiert war. Ehrlich gesagt, hatte er schon oft verkehrt herum auf der Couch gelegen. Die Beine lehnten gegen das Rückenteil und sein Kopf baumelte da, wo normalerweise die Füße auf den Boden gestellt wurden. Dann sah die Welt so aus, als würde sie kopfstehen. Und er stellte sich vor, wie es wohl wäre, auf der Zimmerdecke spazieren zu gehen. Er könnte sich dann endlich auch ganz leicht

die Bücher aus dem obersten Regal ansehen, die ja oft am interessantesten ausschauten. Und wenn er von einem Zimmer zum anderen gehen wollte, dann müsste er wie ein Hürdenläufer über den oberen Rand des Türrahmens springen. Und in der Küche käme er sehr leicht an die Keksdose im Süßigkeitenschrank heran, der natürlich auch ganz weit oben fast unter der Decke war. Und er könnte Mama und Papa einen großen Gefallen tun und in den Ecken der Zimmerdecken die staubigen Spinnweben wegsaugen. Von unten kam man ja nur sehr schlecht mit dem Staubsauger da hin.

So hatte sich Paul das immer vorgestellt. Und jetzt hing er wirklich unter der Decke und kam nicht mehr runter.

»Also hier in dem Buch steht nichts drin«, sagte Papa und gab Greta ihr Buch zurück.

»Ich glaube, durch die Schwerkraftanomalie hier im Flur wurde die persönliche Gravitationspolarität von Paul umgekehrt. Das bedeutet, er wird von der großen Masse der Erde nicht mehr angezogen, sondern abgestoßen«, erklärte Greta.

»Warum liest du nicht mal Bücher, die für Kinder in deinem Alter geschrieben worden sind?«, wollte Papa wissen. »Ich denke, Wörter wie Scherzkraftabmolie und Klaviationspullität sind eher für Erwachsene.«

»Oh, Papa, nur weil du sie nicht aussprechen kannst, bedeutet das nicht, dass sie für Menschen eines bestimmten Alters reserviert sind«, sagte Greta entschieden.

Mama kam wieder dazu, mit einer großen Tasse warmen Kakao und einem Strohhalm. Allerdings konnte sie sich nicht vorstellen, wie Paul den Kakao trinken sollte. Er war ja komplett verkehrt herum.

»Stell die Tasse am besten auf die Hutablage hier in der Garderobe. Und ich nehm den Strohhalm.« Paul streckte seine Hand aus, nahm den Strohhalm und kroch langsam auf der Decke in Richtung Hutablage. Mama stellte die Tasse dort ab, Paul kniete sich hin und trank mit dem Strohhalm den Kakao. »Glücklicherweise kann man über Kopf runterschlucken«, dachte er sich, »sonst gäb das hier eine Riesensauerei.«

»Und? Seid ihr weitergekommen?«, fragte Mama. Greta und Papa schüttelten ihre Köpfe. »Dann hol ich mal den Staubsauger«, meinte Mama.

»Du, du, willst du etwa unser armes Kind mit dem Staubsauger von der Decke saugen?« Papa war fassungslos.

»Nein, aber wenn er schon mal da oben ist, dann kann er sich doch ein bisschen nützlich machen und die Spinnweben in den Ecken wegsaugen«, sagte Mama, und Paul klatschte vor Freude in die Hände. Staubsaugen fand er immer gut.

Mama holte den Staubsauger, steckte den Stecker in die Steckdose und zog ihn mit Gretas Hilfe durch die Stelle ohne Schwerkraft, die Paul im Flur gefunden hatte. Dann gab sie dem Staubsauger einen Schubs – und wie ein Heliumballon schwebte er an die Zimmerdecke. Paul schaltete ihn ein und begann die Decke zu saugen.

Das war ein sehr seltsamer Anblick, wie der kleine Paul kopfüber auf der Zimmerdecke stand und mit dem Staubsauger alle alten Spinnweben wegsaugte, als sei es das Normalste von der Welt.

Als Paul fertig war, hatte Greta eine Idee. »Wenn wir Paul einfach noch mal durch den Schwerkraftfehler hier im Flur ziehen, dann ändert sich vielleicht wieder die Art, wie er auf unsere Schwerkraft reagiert. Und alles ist dann wieder normal.«

Dann erklärte sie Mama, Papa und Paul ihren Plan. Paul umklammerte, so fest es ging, den Staubsauger. Mama und Papa sollten darauf achten, dass das Stromkabel genau durch die Stelle im Flur ging, an der die Schwerkraft weg war. Als alle bereit waren, gab Greta Paul das Kommando, jetzt auf die Taste für das automatische Aufrollen des Stromkabels zu drücken. Paul drückte, hielt sich fest, und der Staubsauger rollte sein Stromkabel ein und zog sich in Richtung Boden – direkt durch das Schwerkraftloch, das tatsächlich alles wieder umkehrte. Kaum waren Paul und der Staubsauger da durchgesurrt, wurden sie wieder von der Erde angezogen und plumpsten auf den Boden.

»Aua«, rief Paul, »das war toll. Wollt ihr auch mal?«

Papa und Mama schüttelten ganz heftig ihre Köpfe, während Greta noch überlegte, was man mit so einem Schwerkraftfehler sonst noch alles anstellen könnte.

40

Rekordeisopa

»Nein, ihr wisst, wie die Regel ist«, sagte Papa.

Die Sonnenbergs standen in ihrer Lieblingseisdiele. Es war ein sehr heißer Tag, deshalb war es kein Wunder, dass Greta und Paul Heißhunger hatten auf Eis. Am liebsten hätten sie die ganze Eistheke leer gegessen. Aber die Regel, von der Papa sprach, war ganz klar und eindeutig: Sie durften nicht mehr Eis essen als das älteste Familienmitglied. Greta und Paul waren sich einig, dass das eine unglaublich doofe Regel war. Und weil Papa als ältestes Familienmitglied nur eine Kugel schaffte, war klar, dass es für die Kinder auch nicht mehr geben könnte. Dabei war die Auswahl so groß, dass es fast eine Beleidigung der Eisdiele war, wenn man nur eine Kugel bestellte.

Es gab Fruchteis von A wie Ananas bis Z wie Zitrone. Es gab Sahneeis mit Walnüssen, Erdnüssen, Haselnüssen, Schokolade, Nougat, Marzipan, Karamell, außerdem Eis mit allen möglichen Süßigkeiten, Gummibärchen und Lakritz.

»Papa, es ist unmöglich, dass wir nur eine einzige Kugel bestellen. Es ist so heiß. Und das Eis ist so lecker.« Greta redete ganz eindringlich auf Papa ein, während sie in der Schlange standen und darauf warteten, endlich dranzukommen.

»Regel ist Regel«, sagte Papa. Ihnen blieb also gar nichts anderes übrig, als sich für eine Sorte zu entscheiden.

»Das ist so eine bescheuerte bescheuerte Regel«, raunte Paul Greta zu. »Das war ein bescheuert für dich und ein bescheuert für mich.« Paul war so sauer, dass sich tiefe Falten durch sein Gesicht zogen.

»Was ist denn mit euch los?«, fragte eine Stimme hinter ihnen. »Warum schaust du denn so grimmig? Ist Eis nicht dein Ding?«

Paul drehte sich um. Opa stand hinter ihnen und grinste. »Überraschung! Ich dachte mir, es ist so ein heißer Tag, genau richtig für eine Opa-Portion Eis. Und warum seid ihr hier?«

»Hallo Opa«, riefen Greta und Paul.

»Wir wollen auch Eis essen, stell dir vor«, sagte Greta.

»Und warum die schlechte Laune?«, wollte Opa wissen.

Greta erzählte ihm von der Regel: Jeder durfte so viele Kugeln bestellen, wie das älteste Familienmitglied essen konnte. Und da Papa nur eine Kugel schaffte, durften Greta und Paul jeweils auch nur eine Kugel haben.

»Mmh …«, Opa dachte nach und lächelte milde. »Ich verstehe. Das ist eine sehr gute Regel. Eine sehr wichtige Regel.«

Die Kinder rollten mit den Augen und Papa sagte: »Danke, das finde ich auch.«

»Jetzt es ist aber ja so«, fuhr Opa fort und sah Papa an, »dass ich doch um einige Jahre älter bin als du, Philipp. Oder irre ich mich?«

Die Kinder wurden hellhörig. Wenn Opa ihrem Papa so einfache Fragen stellte, dann führte er meistens etwas im Schilde. Papa wusste das auch und zögerte kurz mit seiner Antwort: »Äh, ja, natürlich.«

»Darf ich mal vor? Alter vor Schönheit.« Opa drängelte sich an Greta, Paul und Papa vorbei und war als Nächster mit der Bestellung an der Reihe.

»Ja, bitte?«, fragte der Eisverkäufer.

»Einmal für mich bitte siebzehn Kugeln«, sagte Opa.

Der Eisverkäufer riss die Augen auf und holte den größten Eisbecher, den er finden konnte, unter der Theke hervor. Dann bestellte Opa von allen Fruchteissorten je eine Kugel, drei Kugeln Schokolade – das war sein Lieblingsgeschmack – und alle Nusssorten. Als der Eisverkäufer ihm seine Bestellung über die

Theke reichte, sagte Opa noch: »Ich bezahle auch die Bestellung dieser drei jungen Menschen hier. Das ist nämlich meine Familie.« Dabei zeigte er auf Greta, Paul und Papa.

Paul und Greta machten einen kleinen Luftsprung. Niemand konnte so viel Eis essen wie ihr Opa. Und da er das älteste Familienmitglied war, konnten sie bestellen, was sie wollten und mussten nicht einmal Papas Familienregel brechen. Sie ließen sich die größte Waffel geben und bekamen beide zehn Kugeln Eis.

Dann setzten sie sich draußen vor die Eisdiele und aßen ihr Eis. Opa mit seinem gigantischen Pappbecher und den siebzehn Kugeln, Greta und Paul mit ihren riesigen Waffeln und den zehn Kugeln – und Papa, mit der Miniwaffel und einer Kugel Vanilleeis. Alle seufzten zufrieden. Nur bei Papa hörte sich der Seufzer nicht ganz so glücklich an.

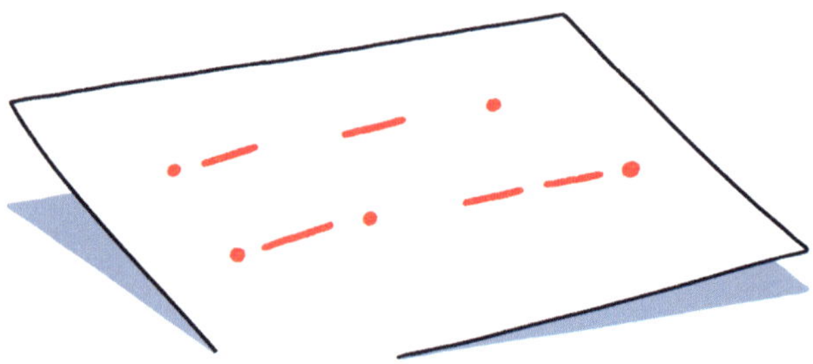

Caspers, Ralph:
Wenn Glühwürmchen morsen – Fantastische Geschichten
ISBN 978 3 522 18479 3

Gesamtausstattung: Ulf K.
Einbandtypografie: formlabor
Innentypografie: Bettina Wahl
Druck und Bindung: Livonia Print, Riga

in der Thienemann-Esslinger Verlag GmbH,
Blumenstraße 36, 70182 Stuttgart
Bei Fragen zum Produkt: service@thienemann.de

13. Auflage 2026
www.thienemann.de

MIX
Papier | Fördert
gute Waldnutzung
FSC® C002795

PRODUZIERT MIT VERANTWORTUNG